傅作義麾下名將
及著名戰役

萬 樂 剛 著

文史哲出版社印行

國家圖書館出版品預行編目資料

傅作義麾下名將及著名戰役 / 萬樂剛著 --
初版 -- 臺北市：文史哲, 民 105.05
　　頁；　公分
ISBN 978-986-314-300-0（平裝）

1. 軍人　2. 傳記　3. 戰役

782.21　　　　　　　　　　　　　105008241

傅作義麾下名將及著名戰役

著　　者：萬　　　　　樂　　　　　剛
出　版　者：文　史　哲　出　版　社
　　　　　　http://www.lapen.com.tw
　　　　　　e-mail：lapen@ms74.hinet.net
登記證字號：行政院新聞局版臺業字五三三七號
發　行　人：彭　　　　　正　　　　　雄
發　行　所：文　史　哲　出　版　社
印　刷　者：文　史　哲　出　版　社
　　　　　　臺北市羅斯福路一段七十二巷四號
　　　　　　郵政劃撥帳號：一六一八○一七五
　　　　　　電話886-2-23511028・傳真886-2-23965656

定價新臺幣 380 元 人民幣 78 元
二○一六（民一○五）年六月初版

傅作義麾下
名將及著名戰役

題字：上海市历史学会副会长　葛剑雄

《傅作義麾下名將及著名戰役》

序

　　戰爭是人類解決紛爭的手段之一，快速、有效又真實，它主宰著民族的興亡，朝代的更迭，讓人無法忽視與迴避。是以西賢有雲：「欲掌握和平，請先理解戰爭。」，誠為至理名言。

　　樂剛兄為西北軍將門之後，自幼秉承家風薰陶，對軍事充滿研究的興趣與熱忱，試圖在廣闊的戰史領域中，探索戰役勝負之關鍵，擷取名將用兵之精髓，為世人借鏡學習之資，苦心孤詣、令人感佩。為了實踐此理想，樂剛兄窮三十多年精力，廣泛蒐羅各種史料研讀比對，又親赴各戰場實地掌握戰爭情勢，更探訪諸多參戰名將詢求用兵之竅門，深入理解戰爭勝負之原委，發為鴻文，嘉惠軍事同好，實乃萬幸之事。

　　國共內戰是民國史上不幸的大事，同胞兵戎相見、骨肉相殘，為民族之慘痛經驗，在過往較罕有人研究，以致許多精彩戰役淹沒在歷史的灰燼中，許多名將被掃入失敗的墳墓裡，身死名滅，寶貴經驗為世人所遺忘，實為千古憾事。研究戰史並非在重現戰爭的殘酷過程，而是在挖掘前賢血淚換來的寶貴經驗，讓後人吸收擷取，使我們在面對相似情境時，能夠明智抉擇，避免重蹈覆轍，「前事不忘，後事之師」，歷史教訓誠不我欺。

傅作義將軍是山西人，保定軍校畢業，崛起於軍閥割據、烽煙四起的民國初年，在多年征戰中淬鍊出練兵與指揮的智慧。由於山西家貧業弱，涵育山西軍人刻苦耐勞、善視部下之精神，乃能培育出精兵猛將，縱橫沙場，建立勳業。傅將軍在抗戰前獲得綏遠一省的地盤，雖然土地貧瘠、人口稀少，但在苦心經營下，於抗戰期間編練出精壯勁旅，遂能在國共內戰中扮演關鍵性的角色。過往由於歷史的禁忌，對於傅將軍及其軍事集團，一直處於模糊不清的狀態，對其出色的軍事表現與烽火歷程，完全無知，使歷史陷於矛盾與混亂的情勢，產生許多謬誤與錯認，真是可惜之事。

如今，這種遺憾在樂剛兄的大作出版後，業已獲得彌補。樂剛兄針對傅集團的精彩戰役與重要將領，多方研讀撰述發鴻文，實有發潛抉微、以小見大之功。其考証詳盡，文筆流暢，論斷精確公允，由書中精彩的論述，正可印證實事求是才是還原歷史真相的正確態度。希望樂剛兄的嚴謹治學、致力還原歷史真相的堅持，能獲得大家的共鳴與認同，使得戰史研究能夠全面蓬勃發展，掃去誤區與空白，增進彼此的識見與涵養，則此書掃盲之功甚鉅矣！是為序。

葉泉宏 2016 年 3 月 18 日謹撰於新莊潛龍齋

傅作義麾下名將及著名戰役

目　　錄

傅作義 麾下名將及著名戰役

著名將領

傅軍名將張樸傳

　　張樸出生於 1915 年，是個內戰史上著名的人物，但是出身卻很低微，既沒有黃袍（黃埔軍校）經歷，也沒有綠卦（陸軍大學）學歷，其他什麼學歷都沒，就是一什麼書都沒讀過的農民，後來又去趕過大車，他這等身份和張翼德、黑旋風等人一樣，是社會底層人物，用我黨的話來說：是典型的勞動人民。

　　但是就是這麼個人，領著一支類似民眾自衛隊一樣的隊伍，或者說最多就是像保安團一樣的隊伍，打出了解放戰爭中異常輝煌的戰果，戰果之大連很多中央軍都相形見絀，生生地在青史留下了名，並且最終成為中國人民解放軍 37 軍 111 師師長

　　為什麼說張樸是傅作義部名將呢？因為張樸部雖然原來是屬於閻錫山晉軍系統，太原綏靖公署部隊。但是隨著 1947 年 12 月傅作義升任華北剿總總司令後，應縣劃歸華北剿總指揮，一直是傅作義在指揮，晉察冀野戰軍第三次攻打應縣，也是傅作義派兵增援解圍的，張樸率軍最後撤到歸綏，跟著傅作義參加綏遠的九一九和平起義，張樸理所當然屬於傅軍名將。

這張樸原是大同小蒼城村農民，從小吃苦耐勞能幹活，風裏來，雨裏去，把臉曬得黑黑的，身板鍛煉得結結實實的，膀粗腰圓，力大無窮。

張雖然出身窮苦，倒也粗通文字，有些思想，看看這亂世裏幹農活不行，他就改行趕大車，指望多掙幾個錢，碰上這世道兵荒馬亂，日寇入侵，兵匪橫行，這趕車安全也沒保障。

張於 1937 年秋自動組織起自衛武裝，後來聽說當地梟雄喬日成隊伍大，有保障，便拉著隊伍入了喬日成喬司令的夥，喬日成瞅著他有些軍事才能，也很重用他，把他提升為第一旅旅長。

喬日成和日本人鬧翻後，張樸帶著隊伍在羅莊和日軍拼死大戰一場。

日本投降後，恰巧老上司喬日成帶著 100 多人從河套回來應縣接收，路過大同，張樸便親自去右玉縣把喬日成接到大同，隨後率領自己 500 多人的隊伍歸附了老上司喬日成，喬日成本來人馬甚少，得到張樸這支隊伍後，一下擴大到 800 多人，兵強馬壯地開回應縣接收，到了應縣，擊退了解放軍的圍城隊伍，順利占了縣城。

這張樸不但有軍事天才，手裏還有隊伍，和喬日成還有些親戚關係，多年忠心耿耿地追隨喬，喬很看重他，佔領應縣後，喬得到個番號"第二戰區雁北挺進縱隊"，喬自任司令，成立了三個團，即刻把張樸從大隊長提拔當上了第一團團長，這第一團以張樸原來人馬為主，為喬軍主力團。

喬日成佔領應縣不久，1946 年 7 月 19 日，晉察冀 4 縱 10 旅附 3 個炮兵連，33 團 2 營 2 個連，會合雁北分區 12、13 團、懷仁、應縣、靈丘三個縣大隊進攻應縣。攻方人多勢眾，炮火猛烈，發動多次猛攻。

喬部主力是張樸部隊，張樸率領部隊頑強抵抗，寸土必爭，張樸本人指揮沉著冷靜，很有謀略，作戰勇敢，身先士卒，立下大功，他的部隊從東關一路抵抗，一路退到城內，眾人眼裏都看得清楚。

喬日成也是個拼命三郎，打仗帶頭沖在前頭，哪里危急他就到哪里去。解放軍發動第二次總攻時，戰鬥特別激烈，處處吃緊，7月28日，城西南角危急時刻，喬帶頭上城親自射擊，阻擊爬城的解放軍，結果被解放軍打中要害，當場身亡。

喬日成死後，按理無論是能力還是戰功，都應該張樸接任，但是參謀長龐茂卿，三團團長彭孝先都覬覦喬日成這個位子，事情就擺不平了。

這時解放軍攻城正急，軍中沒有主帥，眼看著不行。慌亂中還是喬日成大老婆有主見，她緊急召開連以上軍官會議，和大家說："喬日成沒有張樸是成不起部隊的，也回不了應縣，張與喬始終是患難弟兄。張在部隊有威信、有基礎，且作戰功勞第一，我提議張樸繼任司令，大家有何意見？"

既然喬的大老婆發了話，眾人也無話可說，一致舉手同意，表示絕對服從張司令指揮，戰鬥到底。張樸於是繼任第二戰區雁北挺進縱隊司令。

張樸繼任司令後，開始嶄露頭角，他做事冷靜，簡單而有辦法，他召開軍官開會，對眾人說："誓死保衛應縣與城共存亡戰鬥到底，希望大家繼承喬司令精神，團結一致，勇敢戰鬥，各返陣地，散會！"

張樸抵抗更加堅決，他大力整編部隊，加修工事，整固城防，嚴肅紀律，準備迎戰更大戰鬥。

4縱10旅知道喬日成身亡，認為守軍一定混亂，有機可乘，於是在8月10日發動規模最大的第三次總攻，守軍在張樸指揮下，越戰越勇，經過長時間激戰，再次擊敗10旅總攻。

晉察冀野戰軍眼看應縣久攻不下，傷亡太大，決定將 10 旅剩餘部隊調往大同參戰，這讓 10 旅旅長邱蔚、政委傅崇碧等人心理上無法接受，沒有想到小小應縣，破爛的地方武裝讓自己屢攻屢挫，有損名聲，堅決要求補充炮彈等武器彈藥，死也要打下應縣。

鑒於傷亡太大，再打也未必有什麼結果，野司還是決定將 10 旅餘部調往大同方面。留下雁北軍分區 12 團、13 團和 14 團（由懷仁、應縣、靈丘三個縣大隊臨時編組）分別從東、西、南三個門包圍住應縣(應縣沒有北門北關)，準備長期圍困守軍。10 旅臨走時，指揮圍城部隊將城東渾河水由澆地大渠引入四周城外壕，注滿水成了圍城河，不讓守軍突圍出來。

圍城部隊由 12 團圍東關，13 團圍西關，14 團圍南關，圍城部隊每天白天用喇叭向城裏喊話，晚上休息，時間長了也越來越鬆懈。

這張樸雖然名聲不如喬日成大，實際上能力、魄力和膽量絕不比喬日成差，註定要在歷史上留下一席之地。

和一般國軍將領不同，他進取心特別大，知道長期被圍不是個事情，糧草彈藥遲早要消耗完，決心主動出擊打出一條生路，為此經常親自派偵察兵出城，偵查東西南三面情況，捕捉俘虜，經過多時多面的偵查，基本瞭解圍城部隊情況和部署，決心出其不意發起突然襲擊，打破包圍。

1946 年 9 月 5 日晚，張留一個團和保安營守城，調動另兩個團，分成 6 個營，每兩個營出擊一個關，張樸親率特務連和兩個營出擊東關。

出擊那天，他把城內百姓門板都集中起來，趁著夜色，悄悄開了三個城門，各部進到外壕圍城河，以連排為單位，將門板鋪在水面用繩系住，部隊有序地爬過對岸，然後整隊上刺刀沖進三關，一時間三關槍聲大作，喊殺聲四起，攻城部隊都分散住在各院民房睡覺，遭此突然襲擊，猝不及防，失掉指揮，東跑西竄，亂成一團。

在床上睡覺的被打死，跑出房門的被打死，藏在房間裏被打死，死傷遍地。不少人被俘，被俘人員中，有的被殺，有的編入喬軍擔架排。

13 團防線被輕鬆突破，情況最糟糕的是臨時編組的 14 團，被包圍在南關，團長李玉堂看形勢危急，在龍王廟附近指揮隊伍突圍，左沖右突，寡不敵眾，眼看就要被俘虜，情急之中跳入一口井中，被喬軍扔下手榴彈炸死（也有說戰鬥中被打死），圍城部隊損失重大，死傷數百人，被俘 130 多人，張樸部繳獲機槍 6 挺，步槍 90 余支，圍城部隊不得不後退到北河種一線，從此解除對應縣包圍。

張樸迎戰絕對優勢攻城部隊，經過 48 天激戰，大獲全勝，一舉成名，因為應縣守衛戰的勝利和楚溪春的大同守衛戰成功一前一後，所以名聲特別大，從此張樸小小的地方部隊受到國民政府的重視。1947年 1 月 5 日，參謀總長陳誠核轉勳績，請求國民政府獎勵張樸守衛應縣戰功。

應縣戰鬥勝利後，閻老西看看張樸是個能戰可用人才，便取消了原來"雁北挺進縱隊"那個遊擊隊番號，給了他一個"太原綏靖公署暫編第 1 團"的臨時番號，部隊整編為 5 個營，近 3000 人。除了這個空番號，什麼都沒有增加，武器、彈藥、糧草、人員補充和財政等一切要靠張樸自己就地解決。

他要管軍事，像工事的構築，戰術的演練，部隊的訓練等等；他要管人事，城內除了他自己部隊，還有保安團，復仇隊、工作隊等等，要安排好各個隊伍的幹部和領導班子，協調好他們之間的關係，要指揮管理好他們都是很不容易的；他要管後勤供應，應縣雖小，駐軍和城內居民加一起，也有幾萬號人，每天糧草彈藥等各種費用都需很大的開銷，所有武器彈藥裝備，糧草錢財，傷病員治療等等，全就地解決，沒有任何外來幫助。

為了守住應縣，外來武器彈藥是靠不住的，每次守城對方一攻就是幾十天，彈藥消耗非常大，還是要立足於自己生產，自己供應，他在城內建立了小型兵工廠，生產只有應縣才有的點雷（解放軍叫它滾雷），手榴彈等，這個點雷是很有特色的武器，體積比手榴彈大數倍，最大的有飯罐子大，殺傷力很強，在兩次守城戰鬥中給攻城部隊造成很大傷亡，對攻城部隊威脅最大。

部隊人員沒有來源，既是暫一團，就不會有人管你兵源補充，原來 5 個營兵力經過 1947 年上半年戰鬥，消耗近兩個營，張樸正犯愁，正是天不滅曹，吉人自有天相，大量兵源這時送上門來了。

因為這時在雁北正發起規模龐大的土改，由於極左思潮影響，殺人過多，打擊面過大，不但地主，連富農和中農都被打擊鎮壓，遠近十多個縣的受到牽連的人員，紛紛逃往應縣，張樸的隊伍一下大大擴充起來，隊伍一下擴大到 3000 多人，兵源充足，完全能夠補充大戰的損耗。城內還有保安團、復仇隊、工作隊等等，各種隊伍加在一起雜七雜八有 5000 人左右。

張在一無所有的情況下，硬生生把個大雜燴部隊培養成了戰鬥力相當強的部隊，自力更生解決了所有問題。

他深知應縣形勢險惡，因為應縣雖小，位置卻十分重要，位於雁北盆地中，桑乾河邊上，是楔入解放區心臟的的一個硬釘子，孤立地矗立在根據地中心，威脅到渾源、繁峙、代縣等老解放區。應縣位於晉察冀和晉西北兩區中間，切斷了解放區內東西交通。晉察冀野戰軍絕不會善罷甘休，一定要全力吃掉他，一旦戰鬥開始，只有北面可以得到大同守軍支持，但是大同距應縣也有 60 多公里，路途遙遠，阻擊重重，無法依賴。

　　晉察冀野戰軍 1946 年調動主力攻城不成功，以後就沒有合適機會除掉張樸，如果把兵力長期用在這裏則影響大局。放任應縣不管更不行，一旦部隊出擊外線，城內守軍、還鄉團、四鄉逃進城裏的復仇隊、工作隊借機四處出擊，破壞根據地，捕殺基層幹部，根據地要亂套。

　　事實上也是如此，應縣守軍在張樸指揮下，不斷地出擊，抓殺幹部，搗毀解放區各種設施，截獲解放區糧草物資，對解放區造成的損失和威脅實在太大。

　　如僅 1947 年 9、10 兩月，全縣被殺幹部黨員 16 人，群眾 26 人，被捕幹部 52 人，群眾 1129 人，投敵自首幹部 96 人，黨員 13 人。川下支部由原來 153 個減少到 101 個，親敵村由 31 個增加到 56 個，損失糧食 60900 斤，牲畜 3000 多頭。北樓口村幹部全部投敵。

　　共產黨的縣委、縣政府不得不退到山上龐家套，無法下山，應縣大部分地方實際控制在張樸手中。

　　應縣守軍在張樸指揮下，不停地主動出擊，

　　1947 年 7 月，曾是北京大學學生的 5 區區長鄭忠被打死。

　　1947 年 12 月 10 日，應縣守軍出擊北樓口村，縣民政科長鄭山等 18 人犧牲，40 多人被俘。

　　1948 年 1 月，3 區區委書記白克敬被包圍，突圍時中彈犧牲。

　　應縣無疑是楔入根據地的肉中刺，必須要解決。

　　1948 年 4 月 5 日，陳賡部再克洛陽，得知這個消息，毛澤東非常高興，那時也就是 4 月 6 日到 9 日，毛澤東正在雁北代縣和繁峙縣一帶，因為張樸控制應縣，無法進入應縣。眼看應縣仍然牢牢地控制在張楳手中，威脅黨中央和自己進出，不由得不滿，毛澤東對晉察冀領導幹部發話："為什麼洛陽都解放了，應縣還沒解放？"

毛澤東這麼一講，促使晉察冀野戰軍下決心迅速攻克應縣。

這時晉察冀野戰軍正在進行察南綏東戰役，而且正陷入極為困難的境地。

察南綏東是沒有戰略價值的不毛之地，人口稀少，土地貧瘠，晉察冀野戰軍 10 多萬大軍湧進後，衣食住行都成了要命的大問題，傅作義針對性地事先做了充分準備，採取了堅壁空室清野的方法，人馬撤退，糧食隱藏深埋，一個多月下來，把晉察冀野戰軍逼進了絕境，無法再呆下去，如果兩手空空離開察綏，實在沒有戰果，正巧毛澤東講話埋怨應縣還在敵人手中，正好響應毛澤東號召，離開察綏去打應縣，如能打下應縣，也是重要戰績。

晉察冀軍區 1 縱司令員唐延傑、政委王平向軍區報告："左兵團既無糧，又無戰機，擬適時調回打應縣。"

根據《晉察冀軍區司令部陣中日記》記載，4 月 12 日，唐、王電報再次告急："糧食已極困難，就地取給，群眾痛哭不堪。"

野司給上級通報中有："左兵團糧食已到絕境，決定調回打應縣，因他們已無飯可吃，迫不及待，故未等軍委批示即要他們明日（13 日）行動。"

對於攻打小小應縣，晉察冀軍區 1 縱司令員唐延傑、政委王平是信心滿滿，他倆聯名向軍區報告，報告最後原話是："估計三天有把握打下（應縣）。"他們充滿信心是有理由的，因為原來 1 個旅（4 縱 10 旅）就差點打下來，這次集中 1 縱 3 個旅，6 縱 1 個團、北嶽軍區軍政幹校，一分區新編第一團，應縣縣大隊，綏蒙軍區山陰獨立營，以及後期調來的綏蒙軍區部隊 4 個團，兵力占絕對優勢，十幾倍以上于守軍。

火力更是強大，有重炮 14 門，其中野炮四門、山炮 10 門，輕重迫擊炮 30 多門，還有後來調來的 3 門 100 毫米重迫擊炮，以及平射炮、60 炮和擲彈筒等各種小炮，總共有百餘門大大小小各種火炮。

唐、王認為除了兵力和火力的優勢外，自己的縱隊打過石家莊、攻過天鎮城，有攻堅經驗，因此充滿自信是不無道理的。他們給野司電報講：「攻應不打則已，既打則必下，不然各方影響極大。」至於後來攻了 41 天都沒能攻下，那是始料未及的。

守軍火力也完全無法和攻城部隊抗衡，只有 5 門迫擊炮，150 多挺輕機槍，5 挺重機槍。以這點武器和具有那麼多重炮的解放軍作戰，只有被動挨打的份，全無還手之力，張樸的心驟然抽緊了。

只有在城防工事和戰術上想辦法了，張樸匠心獨運，戰前做了大量準備工作，親自設計勘察每個工事，每個細節，日以繼夜地加修城防工事，精心地設計改造城防工事，大大改造和加強了原來工事，形成多層次的明暗相結合、內外相結合的獨立式防禦體系，它以城牆為防禦骨幹，於城牆上、中、下三處，做了三層工事；於城四角、鼓樓及突出部位，都構築了堅固的環形核心工事。沿著城牆頂部，每隔約十米，就有一道隔牆，每三四十米就有一個堅固的地堡，工事與工事之間，都有掩蓋的交通溝相連結。環繞城牆腰部，挖了許多暗堡，不僅有向前的射擊孔，而且還有側射的射擊孔，各暗堡之間，也有暗道相通。環繞城牆底部，每隔幾十米，就有一道通往城外的暗道，隨時可以向城外出擊。城外四周挖了一條寬十米、深數米的護城壕，水深一米多，在護城壕的內延，構築了暗堡暗道，外沿設置了鐵絲網、地雷等障礙物。在城內也構築了縱深的防禦工事。

針對上次守城經驗，張樸在戰術上又加以改進，特別強調要把進攻部隊放到接近城牆 100 米之內才可以開火，集中所有火力短促突擊，這種戰術具有極強實用性。

後來閻錫山命令太原守軍學習張樸的近戰集火短促突擊，充分發揚火力的戰術，給進攻太原的解放軍造成很大的損失。

張樸把他的指揮部設在建於遼代清甯二年應縣古塔的一、二、三層。應縣古塔是世界上最高大的純木結構建築物，八角五層六簷，外傘層頂，塔頂為鐵刹，總高 67.31 米。作戰時可做瞭望台，站在塔上可以看到城外十幾裏解放軍的活動，對進攻一方威脅極大。

塔各層木窗戶均用磚砌，開設射口門戶，形同碉堡。並存放剩餘武器彈藥和米麵、飲水，備有炊灶。戰時必要的司令部人員和直屬特務連、偵察連、通訊排及電臺等駐在塔寺上指揮辦公。

1 縱把這座塔視為眼中釘，曾向古塔發炮十幾發，也許是菩薩保佑，都沒有命中。唐、王曾經專門向野司申請調撥燃燒彈，專門準備來燒毀這座塔，但是應縣木塔活該命大，直到戰鬥結束都沒有被摧毀。

1948 年 4 月 15 日，1 縱指揮部隊圍城，4 月 22 日，1 縱發起進攻，縱隊領導認為守軍系地方武裝，攻佔應縣根本不在話下，以練兵為主要目的。決定以第 2、3 旅擔任主攻，發動了第一次總攻，主攻方向為城東南角和西南角，14 門重炮、所有迫擊炮、60 炮等幾十門炮一齊開火，地動天搖一般，小小應縣籠罩在火海之中、血海之中，密集的炮火壓的守軍不敢抬頭。猛烈炮擊一小時過後，兩城角都被打開三個缺口，附近地堡工事大部被摧毀，1 縱續以數百挺機槍密集射擊城頭守軍，掩護梯子隊抬運梯子和突擊隊迫近城下。

眼看攻城部隊炮火十分猛烈，自己沒有重炮，沒有還手之力，張樸針對性下達命令：

　　對方進攻時，守軍全部進隱蔽部。等炮火停了，立刻進工事和碉堡，等進攻部隊快要接近城牆時，明暗火力點同時開火，所有守軍一齊投擲滾雷、手榴彈，這滾雷對付攻城部隊特別有效，一個接一個爆炸，一炸一大片，爆炸威力、覆蓋面積遠遠超過手榴彈，給攻城部隊極大的殺傷。地堡暗堡側射火力一起開火，給攻擊部隊造成很大傷亡。然後城裏部隊趁進攻部隊損失很大之時，迅速通過暗道發起反衝鋒，沖出城外突擊，攻城部隊猝不及防，只得後撤。攻城部隊因為輕敵，傷亡很大而失利，據《晉察冀軍區陣中日記》記載："（敵）以滾雷及手榴彈對我，致我突擊隊遭受大部傷亡，于 23 時半停止攻擊。"

　　第一次總攻失敗，守軍傷亡 300 多人，1 縱傷亡遠遠大於守軍。

　　唐、王認為攻城失利主要原因是沒有使用主力 1 旅進攻，沒有在城外挖掘足夠坑道和壕溝，進攻時沒有曲射火力，沒有遮斷應縣城內向突破口增派的援軍，便急著向軍區要求調撥重迫擊炮，以便增強曲射火力，5 月 2 日，幾門 100 毫米重迫擊炮到達應縣戰場，火力進一步增強了，兵站部用汽車從後方運來了大量炮彈和子彈。圍城部隊在城外挖掘了星羅棋佈的坑道壕溝，阻止守軍出擊。

　　唐、王下了決心，如果這次攻擊再不成功，準備用 1 萬公斤黃色炸藥大爆炸，炸開應縣。

　　1 縱認為這次十拿九穩有把握了，又把主攻隊伍換成主力曾美的第 1 旅、馬龍的第 3 旅和 6 縱 48 團以及綏蒙山陰獨立營為主攻部隊，準備以兩個多旅聯合發動進攻，第二天就是 5 月 3 日 18 時，在重炮和重迫擊炮幾層火力的密集配置下，迫不及待地對應縣發起二次總攻。

　　1 旅旅長曾美，政委丁萊夫，指揮該旅三個團，附野炮 4 門，山炮 6 門向城西南角發起主攻，3 旅和 6 縱 48 團緊跟在後。

　　2 旅附山炮 2 門，指揮軍政幹校擔任城東南角至東北角助攻，並爆破南門。

1 縱隊司令員唐延傑、1 旅旅長曾美、3 旅旅長馬龍組成聯合指揮部，在離城二裏的地方親自指揮，部隊不敢怠慢，前仆後繼，人山人海，冒著守軍雨點般的步機槍子彈和手榴彈的火力，抬著雲梯向前沖。當 1 旅的主攻部隊終於攻上城頭時，後續部隊卻遭到城下暗堡甕城及城墩凸出部和伏地碉的側射，傷亡很大不能沖上，致使攻上城頭的 4 個班全被消滅。

佔領東南角的部隊，遭到自己後方兩發重迫擊炮彈的轟擊，傷亡數十人，雲梯也被守軍滾雷炸斷。

擔任助攻的 2 旅 4 團團長張一波負傷，副團長喬朴齋代理指揮，不幸中彈犧牲。當晚又組織數次進攻，激戰徹夜，都沒成功，第二次總攻又告失敗。

1 縱經過兩次總攻後，傷亡很大，幹部傷亡尤其大，戰鬥力大大減弱，據陣中日記記載："現每連攜步槍者僅三、四十人，少者每連八至十人，尤排以上幹部傷亡甚大，有五個營無營長，現已將 1、2、5 團攜步槍者，團為單位合編為一突擊營。"

突擊力量大為減弱，1 縱決心整頓後再次發起總攻。

張樸看到攻城部隊的兵力雄厚，超過他的部隊幾倍，又有 14 門重炮，3-4 門 100 重迫擊炮，20 多門 82 迫擊炮，還有很多 60 炮、小炮和擲彈筒，炮火遮天蓋地。

攻勢一次比一次猛，看那個架勢，解放軍決心要打下應縣城，張樸心裏頗為憂慮，多次發電請求閻錫山支持，閻複電臨汾吃緊，晉中危險沒辦法援助，且連飛機也不來了。眾人紛紛議論孤守應縣城沒有好的結果，要求張司令突圍到大同，與大同的閻軍合攏尚有生路。張樸召集連長以上軍官會議商議，大家一致願意突圍。

　　在 5 月 10 日的晚上，張樸秘密傳令防守四城牆的部隊全部撤下來，集中在東西大街上，正要開西門突圍北走時，參謀長龐茂卿因為攜帶家眷老幼人口多，走在臨頭怕出城必然發生戰鬥，連累家人傷亡。如不帶家眷留在城內，怕解放軍進城後殺害他們。

　　龐茂卿抱定主意：寧願與城共存亡，不願出城白犧牲。遂假傳情報，說是解放軍由大同增來兩個師，正在來應縣的路途中。

　　並說："現在城外的解放軍比我們多的多，我們出得城外必被殲滅，還是不走的好。"

　　他這一說，馬上動搖了張樸和眾官兵們的心理。

　　大家又說："走出去是自尋找死。守城池有防衛工事，解放軍要攻破城得死多少人？"

　　張樸是個很果斷的人，眼見如此就決定說："不突圍了。"傳令部隊各返原陣地，緊急召集連長以上軍官到司令部聽司令講話。

　　大家到指揮部木塔上二層樓的會議廳坐下，都默然不語，張樸面對大家，坐在辦公桌後的椅子，沉默中霍地戰起，抽出身上帶的戰刀，把前面的桌子一砍兩半，便道："大家既不願意突圍，今後誰再說突圍走的話，動搖軍心如這個桌子一樣。"

　　接著講：

　　"我們誓死與城共存亡，戰到最後一兵一卒也要戰。軍人不能怯戰避戰，誰要怕死不勇敢戰敵，也同這個桌子一樣。

　　我們要繼承喬司令天不怕，地不怕，有機謀，有膽略，大無畏的拼搏精神奮戰到底，希望團、營、連長們身先示範，並將此話傳知所屬官兵，散會。"張每次講話很簡單，明確表示了決心和做法而已。

　　張樸連電傳作義和閻錫山求援，閻錫山撒手不管，傳作義只有那麼點可憐的人馬，察綏熱冀晉 5 省到處需要部隊，一時也無法派兵增援應縣。.

但張樸是個幸運的人，應縣屬於傅作義華北剿總管轄範圍之內，傅作義只要做得到，從來沒有拋棄過部下。在國軍將領中，傅作義是個非常有責任心的人，他非常關心應縣戰鬥，每天都密切保持著和應縣的聯繫。

只要天氣晴好，傅作義就從北平派飛機前往應縣轟炸攻城部隊，給守軍助威，盤旋在空中的飛機不斷投彈掃射，給進攻部隊造成極大的損害和壓力，運輸機也不斷往城內空投糧食彈藥，這是守軍能夠長期支撐的主要原因之一。

5月16日，知道情況緊急，傅作義親自發電報給張樸，鼓勵他戰鬥到底，爭取最後勝利。

他在電報中說："張團長，王縣長，並轉告全體忠勇的同志，忠勇的人民，忠勇的戰友！你們壯烈果敢的戰鬥，堅決忠貞的精神。

與光榮的大同保衛戰先後媲美，是人民意志，人民力量最典型的表現。"

"你們的部隊雖然只有一個團，然全城的男女老少，為了保衛自己，每個人都是最堅決的守城戰士，這力量是無比的偉大。

同志們，我更相信勝利一定屬於你們，同胞們，我們軍民配合更勇敢地戰鬥，更堅強地戰鬥，爭取應縣保衛戰完全的勝利。"

傅作義總司令知道對方這次志在必得，應縣到了最危險的時候，他徹夜不睡遙控指揮戰鬥。

傅作義一面鼓勵張樸，一面告訴張樸，援軍正在組織中，很快就會趕到。受到傅總司令的鼓勵和支持，張樸信心、幹勁十足，每天親自帶預備隊巡視陣地和城牆。

在總結了二次攻城失利的經驗教訓後，1 縱進行了半個月的準備，偵察守軍的火力配備情況，精心計畫和組織，從後方根據地源源不斷地用汽車、大車和騾馬運來大批炮彈、子彈，各種裝備和器材。突擊隊和火力隊反復做了戰鬥演習，重新組織了火力，以山炮打城垛，迫擊炮平射打地堡，曲射打縱深敵增援部隊，輕重機槍封鎖射擊孔，60 炮和擲彈筒打城裏出擊的部隊。

1948 年 5 月 17 日，所有準備都非常成熟了，1 縱集中所有兵力火力，發動了第三次總攻。

1 縱認為前兩次都沒有集中優勢兵力和火力於突破地段。在發動第三次總攻時，決心以 1 旅和 3 旅兩個旅為主攻，集中絕對優勢兵力進攻西北角和西南城角段。火力更是集中，在這個方向，集中了山炮 6 門、野炮 5 門、重迫擊炮 2 門和各種小炮共 50 多門，決心從這個方向打開突破口。

2 旅附野炮 1 門、山炮 2 門、重迫擊炮 1 門，並指揮軍政幹校從東南角至東北段實施助攻。

3 旅 9 團、綏蒙軍區 3 個團、1 分區獨立團和山陰獨立營都擔任阻擊。

1 縱 50 多門火炮和各種小炮黑黝黝的炮口全部豎起，指向應縣西北、西南城牆，等待司令部總攻的命令。

5 月 17 日下午 2 點，1 縱司令部發佈了總攻命令，等候已久的山、野、迫擊炮等大小火炮，對準應縣西北和西南城牆突破地段齊齊猛烈開火，在 1 個多小時內發射了 7000 多發大小炮彈，鋪天蓋地一般傾瀉在城牆上下，隨著猛烈炮火轟擊，城牆一段一段垮塌了，城牆被炸成了一個小山坡，炮火一停，攻城部隊黑壓壓一片吶喊著順著土坡往上沖。

守軍死傷越來越重，抵抗力越來越弱。進攻部隊則向被轟垮的城牆處做波浪式衝鋒達到十多次，一次一次被守軍打退。

張樸心裏像灌了鉛一般，對能否守住城一點把握都沒有，這時他只是憑意志和毅力支撐著，他完全沒有去想這麼做日後後果會是什麼，也無法預料後果。

17 日 19 時 20 分，1 縱 1 旅 1 團終於從一處缺口突破，踩著土坡和瓦礫攻上城頭，佔據了西南城牆立住陣腳，並向西北兩翼城牆發展，掩護後續部隊擴大戰果，緊接著另一個團也上了城牆。

應縣到了最危險的關頭，張樸一聽到這個消息，親自率領一個營和一個特務連的預備隊進行反衝鋒，他身先士卒沖在最前面，增援上城，同時緊急命令西城、南城牆上的部隊合攏夾擊西南城牆上的登城部隊，並抽調兩個連從西和南城牆下的地道出去，夾擊 1 縱後續登城的部隊，使之中斷沖入。

上了城牆 1 縱兩個團受到夾擊，一個團在城頭與守軍激戰，試圖向兩翼擴張。有三個連，約四五百人乘隙沖下城內西南角區，並在城內向北、向南推進了 700 多米，與守軍進行巷戰。

沖下城的部隊因地形不熟，受西南角水坑所阻，受到張部保安營伏在內防工事的頑強阻擊，進展很慢，與伏擊部隊展開肉搏白刃戰，逐屋逐院拼搏，巷戰爭奪了 6 次，由於諸多原因，進城的部隊難於發展，分散跑入街巷民房院落互相失掉聯繫，只好各自為戰，結果有的戰死，有的被俘。

由於張樸部頑強抗擊，堅持在城牆上的部隊也難於發展，雙方在城牆上形成對峙，先上城的兩個團受到張樸部隊殺傷，損失過大，午夜過後請求撤下城去。指揮部決定由第二梯隊 2、3 旅的 4 團、7 團接替投入戰鬥，新登城的部隊也不敢下城深入，在城牆上與守軍對戰相持到天將破曉時，仍無大的進展，城上的部隊彈藥快要用完。

登城部隊向縱隊報告了許多困難，如，"彈藥用完了，人員傷亡太大了，無法支撐，要求撤退。"

1 縱領導決心動搖了，早晨 6 點，北平的飛機飛到應縣上空，盤旋轟炸，配合守軍作戰，給城牆上的部隊造成極大的威脅和傷害，1 縱領導終於下決心撤退，城牆上部隊接到撤退命令後紛紛撤走。

沒有撤走的、留在城牆上的和沖入城內的那部分部隊則走投無路，除了在戰場犧牲者外，剩餘活著的都被俘虜。當時戰鬥激烈，生怕俘虜不穩暴動，張樸下令殺掉所有俘虜，1 縱第三次總攻又遭受慘敗，不得不徹底停攻，在城外進行整補。

1 縱發動的第三次總攻給張樸部造成的損失是三次總攻中最大的一次，守軍共陣亡 200 多人，受傷 500 多人，1 縱死傷也是三次總攻中最大一次，死傷數千人。

應縣第三次守衛戰再次獲勝，閻錫山極為興奮，他在 1948 年 5 月 19 日發給蔣介石電報中稱讚張樸："其忠其勇，實為山負責以來所僅見。"

閻錫山曾經對王靖國說："你們儘是陸大畢業的，北方軍校畢業的，都不如平民出身的張樸。"

第三次總攻後，1 縱傷亡慘重，已經喪失戰鬥力，無法繼續進攻應縣。但是三次慘敗影響太壞，引起了毛澤東的注意，華北軍區於 18 日電報指令唐、王："繼續圍困應城敵人，絕不解圍，待野戰主力破路任務完成後，由楊政委統一指揮 2 縱兩個旅及 1 縱繼續攻擊，堅決殲滅該敵，主席同意堅決殲滅該敵之決心（《晉察冀軍區陣中日記》記載）。"

從 4 月 15 日至 5 月 23 日，1 縱等部發動三次總攻，前後持續近 41 天。攻城部隊損失了超過兩個團的戰鬥兵，損兵折將，一無所得。

傅作義一面連電安慰守軍，一面調度部隊搶在晉察冀部隊前面增援應縣，他從自己王牌軍第 35 軍抽調了溫漢民的暫 26 師，從歸綏的第 7 師抽了一個團總共 4 個團匯合大同的 38 師組成了援應兵團，命令得力幹將董其武親自帶隊指揮，出發援應，先突然攻佔懷仁縣，隨後援兵到了大同，由第 7 師那個團接替大同 38 師守衛任務，由熟悉當地地形和人情的 38 師抽調兩個團和一個保安大隊匯合暫 26 師一起出動進攻應縣的解放軍。

傅作義派出第 35 軍暫 26 師增援應縣，說明了對應縣之戰的重視。這暫 26 師師長溫漢民非等閒之輩，抗日戰爭中五原戰役戰後，新 32 師 95 團第 1 營因功榮獲榮譽旗（俗稱飛虎旗）一面，這是國軍各部中第一支獲得榮譽旗的部隊，也是獲旗單位中唯一一個營級單位。而溫漢民事後馬上調到這個營擔任營長。1947 年 3 月完縣正全戰鬥後，溫漢民又由於戰功卓著升任暫 26 師副師長，溫漢民是傅作義非常信得過的戰將。

23 日那天拂曉，暫 26 師和 38 師兵分兩路增援應縣，發起猛攻，1 縱安排的阻擊部隊一面拼死阻擊，一面派人報信請求 1 縱增援。

23 日中午，溫漢民率暫 26 師在桑乾河邊韓家坊包圍阻擊部隊綏蒙軍區山陰獨立營，激戰 3 個多小時，由於眾寡不敵，山陰獨立營營教導員王世松等 60 多人戰死，副政治教導員賀毅以下 100 多人被俘，暫 26 師繳獲步槍、短槍 96 支，機槍 4 挺，擲彈筒 4 具。

《中國人民解放軍綏遠省軍區第三次國內革命戰爭戰史》記載承認：韓家坊山陰獨立營被全殲。

溫漢民由於援應和 1948 年 10 月康莊戰役有功（見本書《康莊戰役》篇），1948 年 11 月 12 日，傅作義向國防部提請晉升他為 267 師（即原暫 26 師）上校師長（溫漢民原職務為上校副師長），那時他只有 39 歲。

保舉人傅作義在給國防部報告中考評語是這樣寫的：〝本年 5 月（援應縣），該員奉命，增援行動迅速，在韓家坊一役，俘匪官兵百余人，繳獲步槍 68 支，機槍 4 挺，勇敢機警，功績卓著，堪以勝任。〞

突破阻擊防線後，援兵迅猛地沖向應縣城郊，38 師也同時攻抵城郊，兩軍同時猛攻 1 縱後背。

張樸在城牆上看到援軍終於來了，興奮異常，立即下令守軍大開城門，由東、西兩門出擊，與 1 縱展開激戰，1 縱腹背受敵，損失很大，全線動搖，不得不倉皇撤退。

23 日當天下午，援軍在城郊與城內守軍勝利會師，兩軍會合在一起，揮舞旌旗，互相擁抱，歡聲雷動，激動萬分。

應縣終於解圍了，第三次應縣守衛戰獲得全勝。

這次張樸守應縣的勝利給他自己埋下了永遠難以化解的禍根，因為晉察冀野戰軍一個主力縱隊被他的地方武裝基本打垮了，這是無解的血海深仇。1 縱總共 1 萬多人，共傷亡和損失三千多人，全是戰鬥兵，1 縱元氣大傷。加上 6 縱和其他部隊傷亡損失，攻城部隊攻城和打援總共損失約四千多人，其中陣亡團幹 1 人，營幹 4 人，連以下數百人，負傷團幹以下 3 千多人，被俘數百人。

應縣戰役，北嶽軍區兵站部一中站三個分站負責後勤任務，其中僅一分站就接接受傷患 1600 多人，三分站接受一千多人，二分站也接收了相當數量的傷患，可見傷亡之大。

除了人員損失外，武器彈藥損耗和損失也很大，三次總攻共消耗野炮彈 767 發、山炮彈 767 發、重迫擊炮彈 164 發、輕迫擊炮彈 5460 發、60 炮彈 1676 發、平射炮彈 83 發、輕炮彈 1691 發、手榴彈 38730 枚、擲彈筒彈 5874 發、槍榴彈 184 發、炸藥 1 萬多公斤，子彈 400

多萬發。損失輕機槍 3 挺、步馬槍 107 支、衝鋒槍 3 支、擲彈筒一個等。

這個武器彈藥的消耗對當時晉察冀野戰軍說來是很大的，說明攻城部隊進攻應縣盡了九牛二虎之力了，但是卻遭遇了慘重的失敗。

1 縱 1 旅 1 團政治部主任張震宇後來總結說："攻打應縣失利，是我縱成立以來遭受失利最慘重的一次。"

張樸守軍傷亡也很大，略超 2 千人，超過守軍總人數一半以上，城牆和工事也遭到極大破壞。

兩次應縣守衛戰全勝在全國引起轟動，當時張樸儼然成了國府名人，我黨的罪人。

國軍正規軍防守設防堅固的城市，包括許多所謂的名將防守的城池往往一攻就破，成功戰例不太多。而小小應縣，區區三千多人地方武裝，兩次守城靠自己力量頑強堅守 40 多天，最後竟然擊敗 1 縱、6 縱、綏蒙軍區等部隊的聯合進攻，並給攻城部隊以重大殺傷，其中緣由，值得深思。

張樸守衛應縣的勝利，足以讓國軍正規軍汗顏，在現代軍事史上留下一席之地。

如拿地方武裝守城戰例看，只有安陽地方武裝和元氏魏永和有得一比，但是安陽最後被四野攻破，元氏雖經晉察冀軍區兩次進攻，第二次卻沒有能夠守住，和張樸相比，還略遜一籌。

應縣長期頑強屹立在根據地中心，讓共產黨中央印象深刻。1 縱強攻多次，受到重創後，中央對張樸印象更壞。就像鄂友三冀中穿心戰給解放區造成重大破壞一樣，是無法饒恕和容忍的。

因此不管他倆今後起義不起義，這筆賬總是要清算的。

應縣解圍後，傅作義從全局考慮，認為應該撤退，否則孤城懸掛在解放區，支持困難。但張樸等人仍處在大獲全勝之後的興奮狀態，猶豫不決，不想撤退。24日這天，暫26師三團團長李上九親自帶著7、8個騎兵進城，勸說張樸撤退，勸說大概意思是："城垣被炮火所毀，殘破之處太多，守軍損失不小，城內人力物力損失也極為慘重，如果援軍走了，對方再來進攻，怎麼有把握再守下去？"

張樸是個識時務之人，終於下決心撤離自己經營多年的根據地，25日在援軍掩護下，率部撤往大同，張樸部由於注意軍紀，愛護百姓，城內老百姓，大多數跟隨張樸一起撤退，撤往大同。

傅作義重視人才，賞罰分明，事後到大同慰問張樸部，並將張部擴大為師，張樸晉升為師長。當面指示大同軍事指揮官于鎮河：為張樸補足一個師的兵力，由綏遠發槍，將該團改編為新編第一師，把應縣縣大隊、復仇隊、左雲、右玉的保警隊和焦克敬保安團1千幾百人一齊併入張樸部，大大增強和擴充了部隊。張樸在大同呆了數月後，全軍人馬的糧草財政供應發生困難，當地無法解決，經請示傅作義同意後，人馬又撤往傅軍老巢歸綏。

到達歸綏後，傅作義曾經有過將其充編其他部隊想法，但遭到張部官兵反對，此後經董其武說情，將三個暫編師改為正規師後的編餘人員補充該團，部隊整頓一個階段後，於1949年1月初，傅作義給了張樸正規部隊番號：第258師。

張樸任師長，原參謀長龐茂青任副師長，歸董其武駐綏部隊指揮所指揮。(258師原是104軍（暫三軍暫10師），被35軍帶往張家口增援未歸，被殲滅後番號給了張樸部。)

1949年6月，張樸部258師和319師番號對調，改番號為319師，張仍舊任師長。

綏遠九一九起義時，張樸率部參加，成為中國人民解放軍的部隊，在隨後解放軍改編起義部隊過程時，將 319 師改編為 37 軍 111 師，張樸擔任中國人民解放軍 37 軍 111 師師長，張樸成為解放軍師長，龐茂青為副師長，歷史真是具有戲劇性。

這副師長龐茂青對起義是一直不滿的，不久便拉了一個團反水出逃了，出逃時打死了一些解放軍政工人員，龐不久被部下反水打死了。

起義後張部零零星星都有些叛逃人員，按理說人各有志，這些人叛逃都和張樸無關，但是對他和該部的戒備自然加強了，該清算的也是時候了。

1950 年 11 月 25 日，華北軍區司令召開綏遠軍區各軍師旅長到北京開會，通過兩項決議，第二項決議史稱"北京決議"，這個決議內容就是以暗通國民黨罪，將劉萬春、鄂友三、張樸、喬漢魁當場逮捕。傅作義對總理說："說過既往不咎，不能槍斃他們。"這樣總算救了他們的命。張樸的罪名是修築堤壩期間秘密串聯，意圖造反，最後被長期監禁。

1954 年 5 月，張樸因現行反革命罪名被判處無期徒刑。

一代名將就此隕落，在獄中度過了他隨後幾十年的人生，直到 1973 年才從撫順監獄轉到北京監獄，1974 年 1 月 1 日在北京監獄病故，張樸生病期間，人民政府為他治病花了不少錢，張樸非常感激。

張樸確實應該感激，以他的歷史情況來看，解放後能活到 1974 年實屬不易。

九一九和平起義後，傅部起義將領以各種名義被追究戰爭罪有三種情況：

1.事後槍決，如和他同為師長的傅部 259 師（暫 11 師）師長郭躋堂於 1951 年就被槍決，相比郭躋堂在戰場上給晉察冀野戰軍造成的傷害還不及張樸大。如參加九一九起義的傅部張耀華和李棟樑也分別在

1959 和 1955 年被槍決。

2.永久關押，就是無期徒刑，張樸和鄂友三屬於第二種情況。

3.有期徒刑。

張樸死後，政府根據他在押的表現和共產黨對起義人員的政策，於 1982 年給他平反，作了明確的政治結論，按起義後的革命軍人對待，並由中國人民解放軍總政治部頒發了革命軍人病故證明書。

中央政府承認張樸為革命軍人，為其作傳適得其時乎？

本文主要參考資料

1. 臺灣‧國史館檔案

2.《中國人民解放軍陸軍第 66 軍軍史》（簡編初稿）1950 年版

3.《中國人民解放軍第 66 軍解放戰爭戰史》

4.《中國人民解放軍步兵第 196 師師史》中國人民解放軍步兵第 196 師編印 1996 年版

5.《中國人民解放軍綏遠省軍區第三次國內革命戰爭戰史》中國人民解放軍內蒙古軍區戰史編寫委員會編印 1957 年版

6.《王平回憶錄》解放軍出版社 1992 年版

7.《劉蘇回憶錄》

8.《張震宇回憶錄》天津人民出版社

9. 許恩榮回憶錄《征途》內蒙古文化出版社 1998 年版

10.《應縣文史資料》

11.《中國人民解放軍晉察冀軍區北嶽軍區第三次國內革命戰爭戰史》

12.《晉察冀軍區司令部陣中日記》

13，《雁北地區解放戰爭時期我軍戰役戰鬥資料彙編》大同軍分區編
　　2002 年版

著名將領

傅軍名將孫英年傳

綏遠五原城內，鏖戰日寇戰鼓隆隆猶在耳邊。
察省集寧城下，浴血拼搏決死畫面仿佛眼前。
彭武新開河畔，圍殲東野7縱激戰恍如昨天。

往事不堪回首，歷歷在目，每當沙場老將，百戰英雄孫英年動情
回憶起往事，每個場景都呼之欲出，孫將軍是活的歷史，其娓娓道來

的新 31 師、暫三軍的征戰史及其自己光榮的經歷敬佩得我不由提起筆來記錄下這一件件，一樁樁的歷史，本文記載的是孫將軍經歷，同時也反映了新 31 師、暫三軍的部分征戰史，完全按照孫將軍口述,並參照有關資料進行整理，內容彌足珍貴。

孫英年將軍是傅軍一員傑出的將軍，身經百戰，叱吒沙場。在傅作義部隊歷任排、連、營、團、師長（少將銜）等職，完全靠戰功，傑出的指揮，過人的智慧，從基層一層一層當上了將軍。親歷了抗日、內戰大小幾百個戰役、戰鬥，見證了一個世紀的烽火。

孫英年，字豪生，滿族人，1911 年 10 月 7 日出生，內蒙古呼和浩特市人，畢業於綏遠一中，肄業于原綏遠省省立職業學校商科 2 期。

孫中等身材，方臉大眼，濃眉上挑，當 2002 年筆者前往呼市採訪時，老人已高壽 91 歲，依舊精神矍鑠、思路敏捷、談吐清晰、記憶過人，仍然清楚記得每一個戰鬥的細節和過程，每個部下的名字和特點，每個長官的指揮作風和能力，真正是人中之瑞。在奇襲王家樓繳獲的我軍文件中，我軍稱其好"吃"，也是其一個特點。

孫英年 1929 年 5 月輟學投軍，加入傅作義部，先後在第 38 師（師長李服膺）第 113 旅（旅長賈學明）第 226 團（團長劉逢吉）第 3 營第 11 連、第 5 軍（軍長李服膺）第 15 師（師長賈學明）第 43 團（團長李在溪）、第 68 師（師長李服膺）第 213 旅（旅長賈學明）第 425 團（團長李在溪）當兵。

1933 年 9 月考入第 101 師教導大隊受訓，學習軍事知識，1934 年 3 月畢業後派任第 213 旅第 426 團（團長高朝棟）迫擊炮連準尉司務長，隨後逐步晉升為連、營、團幹部。1949 年 1 月隨傅作義先生參加北平和平解放。

抗日戰爭時期，曾參加過著名的百靈廟、南口、平型關、太原、綏南、包頭、五原等戰役，浴血抗擊日寇，為民族立下不朽戰功。

　　內戰開始後，孫將軍先擔任 35 軍新 31 師 92 團副團長，集甯戰役受傷，傷癒後擔任 91 團團長，有了更大的用武之地。

　　內戰中孫英年參加過歸綏守衛戰、集甯進攻戰、增援東北作戰、平北掃蕩戰、淶水增援戰、扭擊平谷、轉戰冀東、奇襲王家樓等重大戰役，屢立戰功，無一敗績。東北歸來後，孫將軍由於戰功卓著，被國防部授予"二等雲麾"勳章，並於 1948 年初升任新 31 師副師長，在師長王建業赴南京學習期間，代理指揮全師，在此期間，屢建奇功，獲得傅先生青睞。從那麼多軍官中，傅作義百裏挑一選中了年輕有為的孫英年將軍，為傅軍第一個全美械化師的師長 —— 獨立 311 師師長，晉升為少將。

　　傅先生這位用人嚴格得近乎于苛刻的總司令相中了孫英年，決非偶然。

　　孫英年將軍指揮藝術高超、勇猛機智、判斷準確、臨陣不慌、運籌精妙、身先士卒，早已有口皆碑，傅先生經過多年仔細慎重考察，才作出這一重大決定。

　　孫英年的才能，在當連長時已嶄露頭角。如在抗戰時期包頭戰役，孫當時任 35 軍新 31 師 91 團 2 營 5 連長，曾指揮全連在包頭西北門外伏擊日寇，經過一天一夜戰鬥，戰績豐碩。共擊斃小林聯隊後勤部隊近百人，生俘 3 人，獲馬槍 18 支，手槍 5 支，望遠鏡 2 架，以及彈藥、藥品和醫療器械等物品，而本方僅輕傷 1 名，重傷 1 名。如此戰果，在抗日戰爭時期，還是很少有的。

　　1940 年進攻五原，友軍進攻偽綏西聯軍司令部受挫，孫大膽建議，將一門山炮推到離敵司令部不到百米的渠西岸渠塄後，直射敵司令部圍牆和房屋，結果一舉獲得成功，以極小傷亡大獲全勝，顯示出傑出的指揮才能和過人的智慧。孫將軍謙虛的說："這些成績都是在孫蘭峰將軍領導下取得的。"

　　內戰開始後，晉察冀、晉綏野戰軍圍攻歸綏和包頭，孫英年在歸綏擔任守衛，曾經主動出擊駐守南瓦窯的晉察冀部隊，一舉獲勝，迫使圍城部隊後退 10 裏以外。

　　晉察冀部隊圍攻大同，國府請傅將軍解圍，傅將軍一向打巧仗，不打消耗仗，採取"圍魏救趙"高明策略，進攻集寧，解大同圍。

　　進攻集寧 31 師是主力，孫英年將軍當時任 92 團副團長，由於團長劉豐初生病，不能指揮部隊。實際孫英年一直是集寧戰役 92 團實際指揮官，92 團是主攻團，他身先士卒帶隊猛烈進攻我軍設防堅固的集寧城，在暫 11、17 師進攻受挫之際，新 31 師 92 團建立功勳，率先突破，佔領制高點臥龍崗，立下頭功，為此自己也身受重傷，部下 1 個營長陣亡，隨後指定的兩個代理營長都先後陣亡，可見當時戰鬥之激烈。不久 92 團又在奇襲張家口戰役中建立功勳，張家口戰役的勝利使得傅軍徹底地奠定了華北戰場的勝利局面。孫將軍謙虛地說："沒有董其武將軍的英明領導，不可能取得這樣的成績。"

　　因集寧戰役戰功，孫英年將軍于 1947 年 5 月升任新編第 31 師（師長王建業）第 91 團上校團長。同月 29 日獲頒七等雲麾勳章。7 月 7 日獲頒勝利勳章。

　　陳誠主政東北後，東北局勢緊張，陳誠接受楚溪春建議，決定採用東北、華北聯防策略，調華北 6 個師進東北增援。其中就有孫英年所在的暫三軍的兩個師，孫英年當時任 31 師 91 團團長，在東北建立了不朽的戰功。出關第一仗，孫運用正確和大膽的戰略，在範家屯包圍消滅東野 7 縱一個連，俘虜大部。

　　彰武戰役開始後，戰事不明朗，友軍情況不明，孫將軍主動要求出擊，親率一個連到達戰場後，明察秋毫發現問題，臨場果斷英明處置，立刻填補了暫 10 師和新 31 師之間的一個空檔，緊急調全團立刻增援包抄上來，堵塞了新開河左岸尚未過河 19 師和 21 師的唯一突圍缺口，擊退了 7 縱 19 師一個團的幾次猛攻，一直到援兵包圍了這個團，勝利結束戰鬥，擊傷對方帶隊一名副團長，（這個副團長被俘後不久就因傷重而死去，）獲得了打死、打傷數百人，俘虜數百人，消滅 19 師一個團大部的戰果，取得了三臺子戰鬥的全勝，保證了戰役最後勝利。新開河北岸的勝利，完全取決於孫將軍的傑出指揮和 91 團的戰功。雖然 91 團的戰果不及追殲潰散逃敵的友軍，但是起到的作用卻是關鍵的。

　　彰武戰役結束後，回到關內，孫將軍在廊坊駐地榮獲國防部頒發的"二等雲麾"勳章，孫將軍謙虛地表示："沒有安春山將軍的傑出的指揮和領導，我們團不可能取得這麼大的成績。"

　　由於彰武戰役戰功，1948 年 2 月，孫英年榮升新 31 師副師長，隨後無論是掃蕩察東、突擊蔚縣、增援淶水、扭擊平谷、轉戰冀東、平北戰役、遠程奔襲王家樓，孫將軍都表現出非凡天賦。其中 1948 年 11 月初遠端奔襲王家樓堪稱內戰經典，可與張家口戰役媲美，在這個戰鬥中，其出神入化的指揮藝術，臨場指揮、判斷、應變，戰術的運用都顯示出一流水準，以極小代價獲得巨大戰果。

　　在 1948 年 9 月中旬的平北戰役中，華北野戰軍 3 縱以全軍加獨立旅包圍新 31 師于平北山區峽谷中，眼看部隊即將落入對方口袋陣中，師長王建業和 92 團長張葆初主張原地堅守，等待援軍 32 師。副師長孫將軍堅決反對，他認為決戰一定要在態勢有利情況下進行，劉斌堡地形極為不利，在這麼個四面被俯瞰的窪地裏死守就是守死，在決定全軍生死命運時，他以非凡的勇氣和決心，力排眾議，反對原地死守，親自帶領 2 個營突破對方重重阻擊包圍，擊敗獨一旅阻擊部隊，撕開口袋，新 31 師全軍得以順利沖出山區，化險為夷，安全到達永寧堡，與前來增援的新 32 師會合。這一仗給傅作義留下極為深刻的印象，傅先生通宵達旦守侯，等待消息，得到部隊安全沖出山區的消息，幾分鐘後就回電。

除了軍事上，在政治上孫將軍也有過人見解，他曾經向傅作義提出過 3 點建議：

- 在軍事上，共產黨不以一城一地得失為重，而是以消滅對方有生力量為主，我們應當展開大規模的運動戰，不要為守城護路佔用過多兵力。把所有的騎兵派到共產黨佔領區，把戰爭帶到解放區去，這樣他們的人員物資補充定要受到影響。我們也要象八路軍那樣，大膽地把俘虜兵經過短期訓練補充到連裏去。

- 政治上，共產黨幹什麼，我們也幹什麼，共產黨搞土地改革鬥爭，我們應該和平地把土地分給農民，我們也要無限度地組織地方部隊。

- 選地方幹部上，共產黨用的是窮人，一個放羊的，可以當區長，他敢帶一支獨角牛手槍到我們團部宿營地擾亂，向村裏打兩槍跑了，等我們派人出去追，路上又踩著了預埋的地雷。可是我們的行政幹部不敢離開部隊，雖然他裝備的是自來得手槍，他不敢在外邊過夜，更談不到襲擾對方的部隊了。我建議我們也選最窮的人當幹部……。

當時這些建議沒有全部引起傅作義的重視和採納，但是傅作義也部分采聽取了他的意見，凡此種種都顯示了一個高超的指揮官應有的綜合素質。

1948 年 11 月初，孫將軍率部遠端奔襲王家樓，俘虜繳獲之多，取得內戰開戰以來前所未有的重大勝利，消息震動了傅作義，決定破格重用。王家樓戰鬥結束後不久，傅作義電召孫英年進北平，於 1948 年 12 月初提升他為獨立的 311 師師長，同月，孫英年因戰功晉升少將。傅作義特別重視幹部的培養，對幹部人品和能力考察非常全面，他常強調：兵隨將轉。哪怕是提升一個營長，都反復考察，親自談話，嚴格得近於苛刻，而獨立 311 師是傅作義部第一個全美械化裝備師，提升孫英年為這個師的師長，意義更非同一般。

獨立 311 師成立的背景是美國於 1948 年 4 月恢復軍事援助後，美國已不願把軍事援助給屢吃敗仗的中央軍。經司徒雷登和美國政府長期考察，決定武裝常勝軍傅軍，美國將軍萊普漢 1948 年 6 月訪問北平，決定武裝傅部 6 個美械師，幫助傅作義競選總統，傅作義明確表示不能"僭越"，最後決定 6 個師還是撥給中央政府，再由南京政府撥給傅部三個美械師。

獨立 311 師就是在這個背景下於 1948 年 10 月成立。完全按美國標準武裝，編制為 1.7 萬餘人，實際只達到 14000 人。孫將軍上任後，面對一個空白，任務艱巨，困難重重，主要就是人才問題，在貧窮落後的舊中國，建立起一支完全現代化全美械部隊哪裡來的人才，尤其是裝甲部隊坦克兵和榴彈炮炮兵。軍中俗話說；3 年訓練步兵、6 年訓練騎兵、9 年訓練炮兵。可見技術兵種和人才乃是最重要的建軍基礎，我軍內戰開始由於人才缺乏，技戰術也極其落後，技術兵種和人才也幾乎沒有，只有靠解放戰士來解決問題，任何部隊短期培養是解決不了饑渴的。

為了保證傅軍這第一支美械部隊官兵素質，以傅部 35 軍、暫 3、4 三個軍的軍屬教導團為基幹組成建立 311 師。獨立 311 師轄 3 個步兵團，分別為 931、932、933 團。

師長，孫英年，

副師長王孝模（繼任王步雲），

參謀長，關嵩峰，

政工處主任，楊春生，

931 團團長，張錫祉，

932 團團長，王明儒，

933 團團長，石穆然。

王孝模原是暫 27 師的團長，調任副師長，到任後不久離職，由 31 師 93 團團長王步雲繼任。政工處主任楊春生由原是平津護路旅政治部主任調來。931 團團長張錫祉原是暫四軍教導團團長；32 團團長王明儒原是暫三軍教導團團長；33 團團長石穆然原是 35 軍教導團團長。

師有 10 個直屬營，一個通信大隊。系：155 榴彈炮營（缺專業技術人才，未成立），105 榴炮營（12 門美 105 榴彈炮）、山炮營（12 門日式 94 式山炮）、戰車營（缺專業人才，未成立）、汽車營（缺專業技術人才，未成立）、警衛營、搜索營、工兵營、衛生營，輜重營，加一個通信大隊，每直屬營 800 多人。

每團轄 3 個步兵營，團直轄一個迫擊炮連，（8 門 81 迫擊炮），一個衛生隊，一個通信排，一個搜索連。

每營 4 個連，3 個步兵連，1 個機槍連，一個迫擊炮排。每連有美式 30 輕機槍 12 挺，湯姆式衝鋒槍 40 余支，半自動步槍 10 數支，狙擊槍（帶瞄準鏡）3、4 支，左輪手槍 10 數支。機槍連有美式 30 重機槍 8 挺，迫擊炮排有 60 炮 4 門。每團 3000 人，每營 700 多人，每連 170 多人。

配備給山炮營是 12 門美 75 山炮，但是當時重武器在塘沽港，孫認為形勢已經緊張，不容派部隊再到天津取，所以用了 12 門日式 94 式山炮頂替。所有其他武器，包括通信器材、工兵器材都是美制的。從當時落後的中國國情來看，這是支非常現代化的部隊，一旦投入戰鬥，威力非常大。

為了解決武器問題，孫親自找到負責華北戰場武器補給的聯勤司令部第五補給區司令耿幼麟中將，舉行多次商談，將已運到天津的美援武器運往北平。

獨立 311 師武器裝備遠遠超越國內任何部隊，也超過原來所謂的美械部隊，絕對是華北戰場頭號主力。和第 35 軍原來武器裝備相比，這個美械師要優越很多，和原 31 師比較可以看出差距，如；35 軍新 31 師人員編制近萬，只有一個日式 94 式山炮營，師直屬部隊也只有警衛營、炮兵營、通信連、工兵連、衛生隊、搜索連。

對控制地域遼闊，極其缺乏兵力的傅軍來說，有了這樣一支現代化部隊，簡直是如虎添翼，對華北野戰軍說來是致命威脅，只可惜生不逢時，剛成立不久，尚在組訓階段，東野就進關包圍北平。

獨立 311 師剛露崢嶸，就宣告結束，孫將軍未展宏圖，已先收場。大廈將傾，獨木難支，每個人只能順著歷史潮流走。

北平起義後，獨立 311 師改編入中國人民解放軍第四野戰軍第 45 軍，番號為 45 軍獨立 88 師，孫將軍擔任師長，成為名副其實的解放軍幹部。1950-1953 年，孫改任中國人民解放軍集甯軍分區副司令。

工作一個階段後，孫將軍頗多感慨，認為舊人無法辦新事，轉業退出軍界，回到呼和浩特，政府安排其在新華書店做副經理，倒也優哉遊哉，得以安享天年。

九一九和平起義後，傅部多數將領都先後在十幾年內陸續被清算處理，追究歷史責任（即戰爭罪），處理有三種方式；

1.槍決，如傅部 259 師（暫 11 師）師長郭躋堂於 1951 年就被槍決。如參加九一九起義的傅部張耀華和李棟樑也分別在 1959 和 1955 年被槍決。

2.永久關押，即無期徒刑，張樸和鄂友三屬於這種情況。

3.有期徒刑，距九一九和平起義後十多年後，將有關起義將領以

"歷史反革命罪"逮捕入獄，判處有期徒刑 3 到 5 年，孫英年、靳書科、行定遠、王越等多數人屬於第三種情況。

除了傅作義、孫蘭峰、董其武、安春山等極少數高級將領之外，大多數參加九一九和平起義的傅部高、中、低級將領都沒有能夠逃脫囹圄之災。孫英年將軍也于數十年後被捕入獄，以"歷史反革命罪"被判處有期徒刑三年，追究戰爭歷史罪。如其他傅軍將領一樣，受盡折磨，但是這一點沒有改變他熱愛生活，仗義執言，實事求是，敢說敢講的作風。

出獄後，孫將軍仍舊充滿熱情為國家、為人民、為民革工作。改革開放後，撥亂反正，黨中央和政府還給參加九一九和平起義將領一個公平，給所有起義將領平反，也給孫英年將軍平反。孫將軍于 1979 年 10 月當選為民革中央團結委員會委員兼《團結報》內蒙古站站長。

1984 年 9 月，孫將軍當選為民革內蒙古自治區（主委楊令德）副主任委員。

文革期間，孫將軍被抄家 16 次，紅衛兵上揭房瓦，下掘地，毀掉了他一生資料，包括幾十年來拍攝的真實照片。

講到勝負，戰場上勝負早有定數，講到人生，誰活得更長，活到最後，誰就是勝利者，孫將軍無論在戰場上，還是生活上都無愧為勝利者。

從古到今，有無數將軍，但含金量是完全不同的，他們當中有論資排輩、屢戰屢敗的草包將軍；有戰功卓著、光彩一生的名將。孫英年將軍就屬於後者，他一生歷經無數戰役、戰鬥，在東野進關之前，從無敗績，是真正的百戰百勝的常勝將軍。因為其重大戰功多為與華北野戰軍對陣取得故而被湮沒，但是歷史不能因為政治而抹殺名將，故特撰此文獻給抗日英雄、中國人民解放軍幹部孫英年將軍。

著名將領

大青山之王

── 傅軍名將鄂友三傳

鄂友三因為內戰中著名的"冀中穿心戰"而聞名於世，他是綏遠省民國期間最傑出的軍事人才之一。生於 1911 年，也就是民國元年出生於綏遠省薩拉奇縣，原本姓郭，因出生後被家人拋棄，後被育嬰堂瑞

典鄂必格牧師收留，改姓鄂，鄂牧師給這個收養的孩子改名為鄂友三。鄂從小就在教堂設立的育英小學讀書，天資聰明，學習成績很好。畢業後，鄂友三考入歸綏的綏遠第一中學第 17 班，在中學時代，他就酷愛體育運動，籃球、足球樣樣都會；尤其擅長體操、單杠、雙杠，技藝超群。音樂天賦也很突出，蕭管笙笛、四胡、二胡都很精通。

中學畢業時，正值九一八事變爆發，聽說黃埔軍校招生，受抗日愛國思想影響，他決定投筆從戎，毅然南下投考，被順利錄取。畢業於黃埔軍校九期騎兵科，1934 年 5 月軍校畢業後，因為他在黃埔軍校各項成績特別優異，他的器械、刺槍、馬術、單杠等技藝嫻熟，為全校之冠，軍事技術更是高人一籌，為名副其實的黃埔高材生，遂被派任軍校第十期第 1 總隊（總隊長陳聯璧）騎兵隊（隊長洪緒輔）擔任少尉助教。

鄂友三生性豪爽、體格健壯，擅長游泳、騎馬、玩單杠，能在單杠上打二十幾個車輪。鄂還是跳水健將，燕式、反燕式，自由式都能運用自如，姿態優美。1934 年，在武漢紀念黃埔軍校建校十周年大會上，校長蔣介石舉行了大型閱兵儀式，鄂友三參加了全副武裝攜馬橫渡長江的比賽，獲得第一名，受到校長蔣介石、教育長張治中和參觀人員一致好評。

鄂友三在隨後進行的馬術表演時，他騎的馬突然受驚，不慎被套了蹬，驚馬拖著他狂奔，全場觀眾頓時被驚呆，以為他會被拖死。然而鄂友三憑藉他平時練就的精湛馬術和超人的膽量，以雙手交替托地，趁機揪住馬韁，翻身重新躍上馬背，控制了驚馬，漂亮地完成了規定課目動作。

鄂友三的出色表演使蔣介石大為讚賞，給了他最高獎賞。

黃埔軍校的訓練和經歷使得鄂友三成為一個傑出的軍事人才。

　　抗戰爆發後，日軍入侵綏遠，綏遠民眾不甘心做亡國奴，自發組織抗日，成立了綏遠民眾抗日自衛軍，按地域分設六路軍，分頭抗日，統歸綏遠省政府主席傅作義將軍指揮。抗日自衛軍招募的農民缺乏專門軍事人才，為了招攬人才，國民黨綏遠省黨部派潘秀仁到黃埔軍校，號召綏遠籍師生返鄉參加抗戰。

　　鄂友三是一個具有很高愛國熱情的青年，他不願留在後方，堅決響應號召，決定放棄黃埔教官的職務，返回家鄉，投身抗戰。1938 年，他輾轉四川，長途跋涉，攀越大青山，到達綏遠加入抗戰陣營，擔任綏遠省第 1 區行政督察專員兼保安司令。

　　當他到達時，正值於存灝抗日自衛軍司令部遭到日軍突襲，損失很大。鄂到後，幫助於存灝重整司令部，鄂友三這樣的黃埔高材生和教官的到來，給抗日自衛軍帶來了專業軍事人才，給抗日民眾自衛軍帶來了質的轉變。當時抗日民眾自衛軍缺乏正規出身的軍事指揮官，指揮軍事的指揮官都是門外漢，難以有大的發展，傅作義於 1939 年 7 月特派鄂友三擔任綏遠民眾抗日自衛軍第 4 路軍（總指揮郭懷翰）上校參謀長。鄂友三在工作和戰鬥中展現的軍事才能，很受郭懷翰等人的器重。

　　1940 年，原抗日民眾自衛軍第四路軍在傅作義將軍指揮下整編為綏遠遊擊騎兵第四師，鄂友三于 6 月被任命為上校第二副師長，郭懷翰為師長。

　　整編後的騎四師進入傅作義將軍的根據地河套後方，得到了休養生息補充，在鄂友三的正規化訓練下，戰鬥力大為提升。隨後接受傅長官的統一調遣，參加了著名的五原戰役。這一戰役，共殲滅日偽軍3400 多人，俘虜數百人，繳獲 16 門大炮、50 多輛軍車和大批武器彈藥。鄂友三在戰役過程中策劃有方，開始嶄露頭角。

鄂剛到大青山時，和民軍在一起打遊擊。民軍的弟兄們看見新來的一位教書讀書的"袍子先生"，那裏民眾把穿長袍的讀書人叫"袍子先生"，以為他是書呆子不會打仗，沒把他當回事。他持一根木棒便率領著民軍作戰，他有計劃的部署，民軍也分辯不出，因為民軍向來是人自為戰。可是他靠自己的智慧和勇敢征服了民軍，大家都喊他為"硬先生"，不再叫他"袍子先生"了。

有一次攻擊一個村子，鄂友三和另一個人持手槍沖到敵人駐紮的地方的牆根，院子裏的敵人亂放槍，亂擲手榴彈，民軍的弟兄們都被擊退。但鄂已逼近牆根，無法退出，只好靠牆根躺著。弟兄們退出去以後，都說不見"硬先生"，於是又反攻回去，"硬先生"全身被土掩埋著，但手榴彈卻沒有傷著他。他搖搖擺擺又走出來了，大家開始對於這位黃埔教官的"硬先生"尊重得不得了。

五原大捷後，鄂友三因功升任民眾自衛軍總部代參謀長，自衛軍總部由苗國華代司令。

鄂友三運用自己軍事知識，依仗部隊地勢熟悉，士兵都是當地人的優勢，經常對日軍和偽蒙軍發動進攻，襲擊敵人的後勤車隊，伏擊敵人小股部隊，活躍在大青山一帶，卓有戰功，在綏遠抗戰中起到重要作用。

1940 年夏，八路軍計畫兼併民眾自衛軍，統一綏遠抗日武裝，也就是所謂的反頑鬥爭。準備行動那天白天派出人馬到自衛軍營地參觀遊玩，摸清了自衛軍營地內部的所有道路和駐軍情況。鄂友三等人認為八路軍是友軍，沒有在意，當晚八路軍集中全力發動突然襲擊，自衛軍猝不及防，遭到重創。

代司令苗國華被俘虜，歸綏縣黨部書記長李業瀛等十餘人被擊斃，鄂友三脖子上中了一槍，倒在血泊中，受傷被俘，姚喆決定槍斃他，派人把他押到山頂槍決。但是姚喆絕沒有想到鄂這個黃埔高材生還是跳水健將，鄂膽大沉著在行刑者舉槍行刑前，縱身跳下山澗，逃過一命。

從此自衛軍與八路軍大青山支隊結怨，兩軍經常展開戰鬥，由於鄂率部堅決戰鬥，使得八路軍在大青山無法立足，1940 年秋八路軍主力撤出大青山。

1941 年初，騎四師開出河套返回大青山地區，在安北、武川、固陽交界處，與日軍展開激戰。這位"硬先生"，率眾一度攻入固陽城，轟動綏遠，傅主席下令嘉獎。

1941 年 7 月，騎四師配合三十五軍掃蕩安北週邊之敵，伏擊滿載 20 餘輛軍車的日寇，敵人被全部殲滅。八月騎四師攻打慶達和烏蘭板申之敵，迫敵逃向固陽。

1942 年春，日軍從包頭開出兩輛汽車，滿載日本高級技術人員 20 余人，由日軍少將田原護送至白雲鄂博勘探鐵、鉬、錫、鈾、石英、雲母等礦藏。騎四師精壯騎兵埋伏在包頭 — 固陽公路兩側，擊毀汽車一輛，擊斃日軍少將田原和士兵數十人，繳獲機槍兩挺和大批機密文件。

1942 年 5 月，騎四師十團二連與日軍在千樹溝遭遇，全軍在力量眾寡懸殊情況下作殊死搏鬥，連長宋玉陣亡，全連非死即傷，全連戰死，為國流盡最後一滴血。

1942 年秋，騎四師師部遭遇日軍，展開激戰，戰鬥中師長郭懷翰戰騎被擊中，摔成重傷，致使半身癱瘓，由於條件艱苦，缺醫少藥，未得到及時治療，於 8 月 19 日病故於克力溝，鄂友三于當月繼任為騎四師師長。

鄂友三率部與日偽軍在綏遠各地不斷戰鬥，為中華民族抗日戰爭作出很大的貢獻。鄂一身正氣，是堅決抗日的民族英雄。在綏遠率部與日軍拼死奮戰多年，功勳卓著。在武器裝備、訓練遠不如日寇情況下浴血奮戰殺敵。

鄂部紀律嚴明，嫉惡如仇。部下清剿連連長魏四，土匪出身，殘害百姓，搶奪財務，魚肉人民。鄂知道後大怒，決心為民除害。但魏手下有一夥亡命徒，本人又善使雙槍，外號神槍手。最後鄂命令部下王謙用計將魏捉拿歸案。

魏向鄂求饒，想留條活命，鄂笑著說："要你去個好地方。"魏又讓別的軍官求情，大家恨透這個壞蛋，都不理他。最後鄂下令將魏四及六名搶劫百姓的匪徒拉出去勒死，為百姓除了大害。

鄂抗日立場堅定，疾惡如仇，部下原有個叫蔣秀山的人，跟隨鄂友三多年，後來做了漢奸，在日軍手下當了特務，忠心為日寇效勞。鄂友三恨透了這個民族敗類，一定要除掉他。蔣後來娶了鄂部下親信妹妹為妻，為了緩和與鄂的關係，又投到鄂友三部，鄂大喜，除掉這個漢奸機會終於到了。一次，鄂率部行軍，當時天上有一群烏鴉"呱呱"亂叫。鄂問蔣秀山："天上烏鴉為什麼叫喚？"蔣回答："那是天想變了！"鄂皮笑肉不笑地說："那是他們想吃你肉了！"說罷，讓士兵將蔣秀山就地用麻繩勒死。

鄂足智多謀，膽量過人。抗日遊擊四師缺少經費，戰士們缺衣少食，生活艱難，鄂捎信給歸綏城南街一家布店的掌櫃，向他募捐，請他支持抗日隊伍軍服和草鞋。這傢伙隨意給了幾十雙布鞋敷衍。鄂知道後，換上便衣，背上一擔柴火，扮作一個農民混進了日軍警戒森嚴的歸綏城，去找綢布店掌櫃，通報自己姓名後，幾乎把那掌櫃嚇死。結果答應捐幾萬雙鞋，幾千套軍裝，圓滿解決了抗日軍隊的軍服、軍鞋。鄂友三誓死抗擊日寇，在複雜的環境中牢牢地在大青山站住腳，贏得了"大青山之王"美譽。

鄂部都是綏遠子弟兵，多數是武川一帶子弟，自帶馬匹參軍，十三、四歲就跟著鄂旅長出征，清一色綏遠子弟兵。旅長可能不知道勤務兵和副官名字，但可以直呼乳名，什麼"四滿子"、"三娃子"等等，連口令都用"山藥蛋"、"蓧蓧面"，說綏遠土腔，敵人聽不懂，就是探聽了，也學不會，學不像。

鄂友三雖然是傅部高級將領，但是如果沒有人介紹，根本看不出來，他中等身材，紅紅的面龐，剪著短髮，和傅部所有軍官一樣，穿一身普通布棉軍裝，就像個普通士兵。

鄂訓練部隊嚴格，該部技藝純熟，戰鬥意志堅強，每人配馬槍、戰刀，既是機動步兵，更是純粹騎兵，騎馬作戰，往來如飛，馳騁沙場，馬上射擊、劈刺，技藝嫻熟，克敵制勝，屢創戰功。抗日勝利後，每連配備部分美式武器，如衝鋒槍，手提式機槍等。

1943 年 9 月游騎 4 師改編為第 8 戰區騎兵挺進第 5 縱隊，鄂友三由於在戰場上指揮有方，機智勇敢，被任命為少將司令員（掛名少將，實際未升任），邱明星為少將副司令員，趙淑普為上校參謀長，部隊下設五個騎兵團，一個炮兵營。

1943 年鄂友三率騎兵第 5 縱隊駐紮在武川縣奶母溝一帶，準備東進擴大根據地。偽蒙古軍騎兵第 8 師，調集其駐武川六合營、毛獨亥、叉叉等地的 3 個團分路向五縱隊圍剿。鄂友三部郭棠(武川縣第九區人)連因為行動遲緩被包圍在崗崗村南的黑敖包山上，郭棠連雖然人數少，但是地形熟，利用陡峭地形頑強抵抗幾個小時，天色已晚，偽蒙軍不能得手，只得停攻，實行包圍準備天亮再攻。

連長郭棠是一個膽大心細的幹將，不想坐以待斃，決心趁黑夜下山突襲敵心臟，拼個魚死網破。夜深人靜的時候，郭棠帶 20 多名敢死隊闖進崗崗村偽蒙軍第 8 師指揮部，往偽師長住的房子裏扔了幾顆手榴彈，當場擊斃偽蒙古軍第 8 師中將師長紮青紮布和日軍首席教官岩琦中佐及日教官 3 人，炸毀汽車 10 餘輛，斃日偽官兵百余名，敵人群龍無首，登時大亂，經過 20 幾分鐘戰鬥，住崗崗村敵人被全部消滅。

郭棠命令人把紮青紮布的頭割了下來，送陝壩向傅作義報功，傅作義對郭棠大為讚賞，稱此役為"綏遠抗戰的偉大勝利"。

突襲得手後，鄂友三指揮全軍猛衝，偽蒙軍群龍無首，亂成一團，受到重創，鄂軍大獲全勝。鄂友三取得進入綏遠，成軍以來一次大勝利。

由於得到傅作義和鄂友三賞識，論功行賞，連長郭棠不久就破格升為 13 團團長，以後幾次整編，郭棠始終擔任團長。

1943 年冬，根據中美元首開羅協定，美國軍事顧問小組在河套陝壩建立中美合作訓練所。傅作義指示在騎兵第 5 縱隊選拔 200 名精壯士兵，建立一支全副美式裝備的別動支隊，與 30 多名美國顧問和志願士兵進行混編，鄂友三兼任支隊長，特務連連長邢德厚為副支隊長，由美國軍事顧問負責進行軍事訓練，裝備美式先進武器，教授美軍戰術。有了別動支隊這支特別武裝力量，挺進第 5 縱隊火力實力大為增強，控制了整個大青山以及綏南（和林、清水河）。綏東（集寧、陶林、卓子山、豐鎮、涼城）等地區，聲勢大震。

除了別動支隊外，騎兵第 5 縱隊每個連都配備幾支衝鋒槍和手提機槍等美式武器，騎兵第 5 縱隊裝備美式武器，經過訓練後，戰鬥力超過日軍，

從 1944 年開始為配合全國戰場轉為戰略反攻，主動對日軍出擊，一股部隊遠道進攻托縣，將日本的偽員警署的署長俘虜後帶上大青山，另一股部隊進攻平綏路的日本軍用列車，阻斷鐵路，繳獲大批軍

用物資。這次突擊行動，極大地震撼了日本佔領軍當局。日軍高層調集重兵，決心消滅大青山騎兵第 5 縱隊。我方也探知日軍將進行大規模報復行動，其時，第 5 縱隊加上中美別動支隊，戰鬥力已非常強，遂在綏包縣包頭以東的東園擺開決戰架勢準備迎敵。大部隊佈置在大青山縱深地帶，別動支隊和部分美國志願兵及第 5 縱隊主力，就設在包頭以東的東園正面的土圍子，嚴陣以待。

　　日軍以 7 輛坦克為先導，氣勢洶洶向東面的土圍子撲來。先沖入石頭土圍子的兩輛坦克，被美國人的反坦克火箭擊毀。日軍自佔領綏遠以來，從未遭到火箭之類武器的攻擊，頓時大亂，其餘幾輛坦克掉頭逃竄。日軍看坦克失去戰鬥力，聚集步兵發起衝鋒。當步兵接近城牆時，別動支隊配備的美式馬林機槍、卡賓槍、火焰噴射器等自動武器同時向鬼子射去，日軍一排又一排被射殺。隨著衝鋒號響起，抗日健兒爭先恐後沖向敵人，鬼子狼狽逃竄，第 5 縱隊大獲奇勝。打過這一仗後，第 5 縱隊的名聲大震。緊接著部隊進駐薩拉齊北面的水澗溝門。把大後方設在九峰山、巴中窯子，有天險可守，敵人難以攻入，主力部隊就佈置在大青山前山的水澗溝門。

　　三個月之後，日軍不甘心失敗，將平綏路大同的日軍調來，欲與第 5 縱隊一決勝負。為了防備坦克的攻擊，美國人出了一些點子：先在水澗溝門的村前，挖了一些很寬很深的戰壕，又在坦克能通行的平灘上，剷除碎石，坦平路面，鋪上麻絲。然後將胡麻油倒在麻絲上，最後鋪上黃土掩蓋並偽裝好。

　　當日軍集中的 19 輛坦克接近戰壕，行駛在平灘時，浮土下麵的油，麻漸漸絞纏在坦克的履帶中，油麻越纏越緊，直至坦克的發動機失去動力，全部癱瘓熄火，動彈不得，成為一堆廢鐵。日軍的步兵進攻更難取得優勢，水澗溝門口的山口，地勢險峻，大有"一夫當關，萬夫莫開"之勢。當鬼子步兵進入山口後，埋伏在山峰兩側的主力，利用有利地形，再加上美式先進裝備，剎時機關槍、卡賓槍、火箭筒一齊向來犯的日軍掃射過去，打得鬼子鬼哭狼嚎，人仰馬翻。此次戰役共殲滅日軍 800 餘人，俘虜日偽軍 56 人，擊毀坦克 11 輛，擊斃日軍少將一人，偽蒙古軍中將一名，繳獲大批武器和軍用物資。

這場中日大決戰以鄂友三部全勝結束，戰鬥結束後，第八戰區司令傅作義傳令嘉獎戰鬥有功人員，並為美國志願人員頒發抗日勳章。從此以後，鄂友三部上升為傅部主力之一。

由於抗戰功績卓著，1945 年 3 月 28 日，鄂友三獲頒國民政府四等寶鼎勳章。

1945 年，第 12 戰區成立，傅作義升任第 12 戰區總司令，第八戰區騎兵挺進第 5 縱隊番號改為第 12 戰區騎兵第 5 縱隊。

鄂友三仍任少將（掛名，實際未升任少將）司令員，副司令邱明星，參謀長張騰雲。

下轄 5 個團；

　　　第 10 團，團長史建福

　　　第 11 團，團長李存英

　　　第 12 團，團長邢守忠

　　　第 13 團，團長郭棠

另收編了偽蒙古軍一部，海福龍任團長

抗戰勝利後，1945 年 10 月，鄂友三的"第 12 戰區騎兵挺進第 5 縱隊"整編為"綏遠省保安騎兵師"，鄂友三升任師長，邱明星任第一副師長，王炳如任副師長，趙淑普任上校參謀長。

下轄三個團，分別為 1、2、3 團，

　　　第 1 團，團長李存英

第 2 團，團長邢守忠

第 3 團，團長郭棠

由於鄂友三率部取得的出色戰績，國府想要把它編為正規軍，1947年 5 月 15 日，當時的張垣綏靖公署主任傅作義發電給國府，要求將鄂部改編為整編騎兵師（旅），5 月 17 日陳誠複電同意綏遠省保安騎兵師和察哈爾省三個騎兵保安總隊，合併整編為"整編騎兵十二旅"。

鄂友三改任整編騎兵十二旅中將（掛名中將，實際未升任）旅長。

鄂的整騎十二旅轄 4 個團，團下不設營，每團直轄六個大連，每連 200 餘人。

整編騎兵十二旅序列如下：

旅長鄂友三，副旅長郭熙智，參謀長李任光。

下轄 4 個騎兵團：

第 23 團，團長李存英

第 24 團，團長郭棠

暫編 1 團，團長任芳

暫編 2 團團長，杜永勝

旅司令部還有特務連、工兵連、輜重汽車連、通訊連、衛生隊等，從此鄂部正式納入國軍正規編制。

鄂友三治軍紀律嚴明，內戰期間，騎十二旅一個連長在寶昌縣城街上把一個小販攤子踢翻，縣長白震派人立刻把這個連長抓起送鄂友三處理，鄂友三義正詞嚴的表示："不要把人送給我，送到你們縣公安局依法處理。"

整騎兵十二旅為傅作義四大主力之一，勇猛善戰，靈活機動，參加了內戰中所有大的戰役：如綏遠戰役、集寧會戰、進攻張家口、轉戰河北、掃蕩冀中、鏖戰大清河北，奇襲石家莊等等，屢立戰功。

其中最著名的就是長途奔襲晉察冀冀中根據地的"冀中穿心戰"（參閱本書第5篇《冀中穿心戰》）。1948年4月，鄂友三率輕騎一個旅，外加陳秉義騎二總隊，配備杜長城專業的爆破工作大隊，李子興新聞宣傳隊，組成突襲隊突襲冀中。

接連穿越大城、任丘、河間、青縣等地，徹底摧毀了所經過的冀中根據地各類工廠、兵工廠、倉庫、銀行、商店、電臺、糧站、武器、彈藥。燒毀棉單軍服25萬多套，棉單軍鞋25萬多雙，銷毀地雷1千餘個，炮彈一萬餘個，手榴彈2萬餘顆，步槍5700枝，棉布120餘匹，繳獲各種糧食幾十萬噸全部分發給當地百姓。

打死打傷地方部隊1千多人，在自身幾乎沒有損失的情況下勝利返回天津，給解放軍造成極大損失，轟動一時，埋下了他日後陷身囹圄的禍根。

當時國府高官乘飛機在空中視察，看到傅軍這支騎兵部隊馳騁晉察冀老根據地冀中腹地，馬踏炮手，東沖西突，如入無人之地，極為驚奇欣賞。傅作義敢於派鄂友三以一支孤軍深入解放區根據地腹地，橫衝直撞，戰果輝煌，是內戰開戰以來的一次奇跡，傅作義和鄂友三因此名震中外。

鄂為人謙虛，冀中穿心戰勝利歸來，全國上下震動，鮮花掌聲，歡呼宴請，圍繞著他。他謙虛地說："並非部隊能打仗，我個人也沒有功，這完全是傅總司令戰略上成功。"如此重大功績，他一點都不居功自傲。

由於"冀中穿心戰"功勳巨大，戰後傅作義決定將其提升為少將以資獎勵，1948年5月11日，傅作義發電報給蔣介石，申請晉升鄂友三為少將，電報稱："該員指揮有方，行動迅速，痛殲頑匪，功績卓著，擬請按國防部第0860號代電第一項之規定，特准該員少將旅長任職。"

只有到 1948 年 5 月，鄂友三才因為"冀中穿心戰"的顯赫戰功而被國民政府正式晉升為少將。所有以前的將官名號都是掛名的，所以如有其他記載的話都是錯誤的。

因為冀中穿心戰戰功，鄂友三于 1948 年 10 月 7 日獲頒國民政府四等雲麾勳章。偷襲石家莊時，鄂友三的整騎十二旅推進最快、最遠，唐河戰役中，鄂率整騎十二旅一馬當先沖過了唐河，一路勇猛作戰，給阻擊部隊很大的殺傷，讓西柏坡的領導人驚出了一身冷汗。

張家口突圍戰，十一兵團全軍覆沒，唯獨騎十二旅完整地從千軍萬馬中突圍而出，並接應孫蘭峰安全回到歸綏。

1949 年"九一九和平起義"，原騎兵十一旅、十二旅，保安騎兵第四旅合併為中國人民解放軍騎兵第四師，鄂友三參加和平起義，從此成為解放軍幹部，擔任中國人民解放軍騎兵第四師師長,師轄三個團,

第 1 團，團長李存英

第 2 團，團長郭棠

第 3 團，團長任芳

師、團、連都由解放軍方面派來政工幹部進行改造，計畫將這支部隊打造成解放軍軍隊。

1950 年春季，鄂友三手下部分官兵嘩變，打死了我軍派駐該部的 7 名政工人員，然後西逃，引起了解放軍極大的警覺。並有傳說鄂友三暗通國民黨，煽動部下叛變。

1950 年 11 月 25 日，華北軍區司令召開綏遠軍區各軍師旅長到北京開會，通過兩項決議，第二項決議史稱"北京決議"，這個決議內容就是以暗通國民黨罪，將劉萬春、鄂友三、張樸等當場逮捕。

鄂友三被捕後遭長期監禁，於 1958 年 3 月在北京監獄公安醫院病逝。改革開放後，糾正了極左思潮，共產黨給鄂友三這位參加九一九

和平起義將領平反正名，1984 年，經中國人民解放軍陸軍第 69 軍政治部復查，認為鄂友三企圖煽動部下叛變未成事實，決定為他恢復名譽，按病故軍人待遇。

鄂友三之死有其必然性，早在十幾年前就埋下了死因。傅系將領都說幾個主要原因是：

1. 在大青山堅決與姚喆、李井泉部隊鬥爭，使我軍始終無法在大青山站穩腳跟，擴大根據地。

2. 1948 年春，突襲我冀中根據地，就是著名的"冀中穿心戰"，給我冀中根據地造成極為慘重的損失，在我黨我軍歷史上欠帳太多。

3. 突襲石家莊又一馬當先突破唐河，為國府再立戰功。

一代將星大青山之王終於殞落在共和國的黎明是一個必然的結果，多年前就種下了因。

無論是抗戰中消滅"頑軍"(就是抗日友軍)，還是最後將這位起義將領終身監禁，總得有個理由，為了尋找這個理由，後來有些人就把強姦婦女這項列了出來。

建國後在很多文章和撰寫的文史資料中都以此罪名抹黑他，但是這個問題是不很準確的。

2002 年，筆者在呼市採訪鄂的綏遠一中的同學孫英年將軍時曾經問過這個問題，孫老說："和鄂將軍一起共過事的人和傅軍將領個個知道，鄂先天性性功能障礙，根本不能房事，怎麼能強姦？"

因為鄂覺得自己有這方面缺陷，在同僚戰友面前很沒有面子，每當宿營，經常有意找些婦女聊天廝鬧，以掩蓋自己這方面無能，但是這個不是強姦，充其量只能算是調戲。

應該這麼說，調戲或者和婦女嬉戲與強姦婦女是完全不同的，即發生性關係完全是兩碼事，法律上界定很明確。

　　二來，傅軍紀律嚴明，號令如山，鄂如有這種行為，早就被傅先生槍斃幾十回了。傅軍紀律嚴明，有著名的十大紀律，根本不會容忍如此惡行。

　　謹以此文紀念抗日英雄、傅部戰將、解放軍師長鄂友三將軍。

本文主要參考資料

1. 臺灣・國史館檔案，

2.《內蒙古文史資料》內蒙古人民出版社

3.《武川文史資料》內蒙古武川縣文史資料委員會

4.《烏蘭察布文史資料》烏蘭察布文史資料委員會

5. 傅軍少將《孫英年將軍採訪記》，

6. 傅軍將領《白震採訪記》

7.《國民革命軍沿革實錄》河北人民出版社 2001 年版

8.《傅作義軍事集團史略稿》胡博　王戡著

9.《黃埔軍校將帥錄》廣州出版社 1998 年版

10.《中華民國大事記》中國文史出版社 1997 年版

11.《傅作義生平》中國文史出版社 1985 年版

12.《達茂文史資料》達茂旗政協文史資料編輯委員會 2005 年版

鄂友三簡歷

鄂友三（1911－1958）

生於 1911 年 11 月 19 日（清宣統三年九月二十九）。綏遠薩拉齊（今屬內蒙古包頭）人。中央陸軍軍官學校第九期騎兵科畢業。

1934 年 5 月軍校畢業後派任軍校第十期第 1 總隊（總隊長陳聯璧）騎兵隊（隊長洪緒輔）少尉助教。

1935 年 9 月 16 日敘任陸軍騎兵少尉。

1936 年 9 月升任軍校第十三期第 1 總隊（總隊長王認曲）騎兵隊（隊長楊龍天）中尉區隊長。

1938 年 7 月調升綏遠省第 1 區行政督察專員兼保安司令。

1939 年 7 月調升綏遠民眾抗日自衛軍第 4 路（總指揮郭懷翰）上校參謀長。

1940 年 6 月所部改編為遊擊騎兵第 4 師（師長郭懷翰），升任上校第二副師長。

1942 年 8 月升任遊擊騎兵第 4 師（轄三團）師長。

1943 年 9 月游騎 4 師改編為第 8 戰區騎兵挺進第 5 縱隊（轄三團），改任司令。

1945 年 3 月 28 日獲頒四等寶鼎勳章。6 月 15 日晉任陸軍騎兵上校（直晉）。8 月所部改編為第 12 戰區騎兵挺進第 5 縱隊（轄五團），仍任司令。10 月所部改編為綏遠省保安騎兵師（轄三團），升任師長。

1947 年 5 月騎兵師整編為騎兵第 12 旅（轄四團），改任旅長。

1948 年 5 月，正式晉升為整編騎兵第 12 旅少將旅長，10 月 7 日獲頒四等雲麾勳章。

1949 年 9 月 19 日在綏遠歸綏率部起義。12 月 9 日整騎 12 旅改編為人民解放軍騎兵第 4 師（轄三團），改任師長。

1950 年 11 月因涉嫌"反革命"罪被公安部逮捕。

1958 年 3 月在北京獄中病逝。

傅作義部著名戰役

淶水戰役

　　河北，自古就是中國中心，平、津、保三角地帶則是中心中的心臟，地位之重要自不待言。

　　自古欲奪天下，必控河北，河北北控東北，西北接察、綏，西連晉、陝、甘、青、南撫南中國。地理上以肥沃平原為主，人口眾多，風調雨順，物產豐富，工商業發達，俗稱：風水好。和貧窮、落後、人煙稀少的西北察哈爾、綏遠相比，有天壤之別。

　　華北雖說五省二市，綏遠、察哈爾、熱河、山西、河北，但河北是最重要的，控制了河北就控制了華北，而河北之中心則是平津保三角地帶。

　　國軍稱："平、津、保三角區為北平之門戶，津保之屏障，政治之中心，河北之倉庫。"並且說："此地安危，小則關係河北，大則涉及華北。"

　　解放軍也認為：大清河北解放區位于北平、天津、保定三大戰略要點之間，具有非同尋常的戰略意義。

　　因此平、津、保三角區自然成了國共爭奪的焦點，雙方圍繞這裏展開了反復爭奪，尤其是在孫連仲任保定綏靖公署主任期間。

傅作義部隊在抗戰期間僅有綏遠河套 7 個縣為根據地，抗戰結束後，於 1945 年底與晉察冀、晉綏兩大野戰軍在歸綏、包頭進行決戰，獲得了勝利，控制了綏遠全省。

1946 年 9 月－10 月間經過集寧大會戰、張家口戰役，傅部再次獲勝，隨後佔領察哈爾全省。

華北野戰軍退入河北，開始與孫連仲的綏靖公署爭奪平、津、保三角地帶，期間雙方發生過多次重大戰爭，互有勝負。

傅軍佔領察、綏兩省後，並未滿足，仍舊虎視中國心臟－河北，1947 年底，機會來了，保定綏署馬失前蹄，先敗于清風店，隨後丟了石家莊。

蔣介石是個有戰略眼光，識人才的統帥，他看到傅作義在察綏兩省屢戰屢勝，遊刃有餘，還不斷出轄區向外出擊；孫連仲于河北一省有勝有負，還漸趨下風。早就萌生把華北全部交給傅作義統一指揮的想法，當時華北各界人士又一致請求，更促使蔣介石下定決心取消張垣、保定綏署，並於 1947 年 12 月 2 日成立華北剿匪總司令部，由傅作義任總司令，統一指揮華北五省二市戰局。

華北說起來是五省二市，實際上因為山西是傅作義老上級閻錫山地盤。因此，傅作義除了指揮大同、應縣外，對山西其他部分並不過問，以策應為主。

鑒於傅作義部牢牢控制察、綏兩省同時，1947 年兩次出擊河北、一次出擊東北、一次出擊山西、一次增援陝西都獲得勝利，蔣介石相信，傅作義也一定能夠控制河北，安定華北。

出任華北剿總總司令的傅作義躊躇滿志，他也確實有一套辦法，上任後就提出要進行軍事、政治、經濟三位一體的"總體戰"，爭取在最短時間裏擊敗華北野戰軍，安定河北。針對解放軍戰略、戰術特點，傅作義立刻採取相應戰法，即"主力對主力，以集中對集中"的戰術，大量擴編地方部隊和保安團，以地方部隊守衛城市、據點；以正規軍組成野戰集團，進行野戰，應對晉察冀野戰軍集中優勢兵力打殲滅戰戰略戰術，這一招使晉察冀野戰軍感到難於應付。

羅瑞卿同志有一次曾經感慨地對肖克說："敵人龜縮在交通線據點裏，我軍以攻堅戰形式，取勝裝備優於我們的敵人，是很困難的，必須圍攻打援，把敵人扯開，全殲其一部。現在敵人正企圖'以主力對主力，以集中對集中'，這正是我們之所忌。"

就任華北剿總總司令後，傅作義想大幹一場，而絕非某些書刊回憶牽強附會說的什麼不願到華北剿總上任，拖延很久等等。剿總成立後立刻舉辦中外記者招待會，在招待會上，傅作義對大家說；"現在，我已受命華北剿總總司令，自當犧牲一切，今後 5 個省的軍隊，可以作計劃性的集中，統一調度，哪里有事去哪里。在戰略上，變保地主義為打人主義。要反攻，要反守為攻，不是要收復點線，而是要將匪區全部收復，一定消滅共匪武力。"

言語間充滿絕對信心，傅作義說到做到，隨後他就把戰略重心從察綏轉到了華北，將嫡系主力第 35 軍、暫 3 軍、騎四師、騎 12 旅全部調到河北，連同華北的國軍編成 3 個機動兵團，以李文 34 集團軍組成平漢兵團，傅系各軍為平綏兵團，以上兩兵團為攻勢兵團，侯鏡如指揮 92 軍、62 軍組成津浦兵團守衛天津、塘沽一帶，新 2 軍擔任保定、固城、定興、淶水之守備，與晉察冀野戰軍拉開決戰的架勢。

晉察冀野戰軍當初於綏遠，再於察哈爾，與傅部多次交手，深知其與中央軍區別很大，難於對付。從先易後難戰略出發，一直在河北與孫連仲的保定綏署爭奪河北，準備先擊敗河北中央軍，再回頭對付傅部。但是現在河北中央軍還沒有解決，傅部就先入了河北，局勢變得十分嚴峻，有些幹部們說："傅作義進了河北就沒有我們飯吃了。"

只有擊敗傅部才能在河北站住腳，晉察冀野戰軍決定在平津保三角地帶與傅軍決戰。滾滾硝煙，於 1947 年底重又點燃在燕趙大地上。

1947 年開始，晉察冀軍區部隊全部出動，撲向平津保交通線，破壞平漢鐵路北段，計畫是：3 縱附 2 個山炮連破擊高碑店－良鄉鐵路；4 縱破擊高碑店－徐水段；2 縱破擊徐水－保定段；1 縱破擊北平－南口段，等敵出援，尋找戰機。北嶽軍區、冀中軍區、冀熱察、冀東等軍區全部出動，以 6 縱為戰役預備隊。整個活動地域集中在平、津、保三角地帶。

這個計畫戰略意圖非常明確、清楚，就是要破壞平、津、保之間交通線，孤立沿線各個據點，逼傅軍出來增援，尋找戰機，消滅其中一股，如傅軍不出來增援，則將各個孤立的據點消滅，爭奪對平、津、保心臟地帶最後控制權。

河北大會戰開始了，傅作義全力以赴迎戰，這本來就是他所期待的事情。

華北剿總對策計高一籌，還是以"主力對主力，以集中對集中"的作戰方針應對，集中主力 94 軍、16 軍、暫三軍、騎 12 旅，各部一齊從北平出動，打通平保線，肅清破路對手。

4 縱正在定興一帶破壞鐵路，首當其衝，傅部攻勢直沖 4 縱而來，暫三軍、16 軍、94 軍、騎 12 旅聯合作戰，在定興、易縣、滿城等地連續進攻 4 縱，經過白樓、平崗、易縣、姚村、李家莊等地多次戰鬥，重創 4 縱，4 縱不支，撤到滿城一帶休整，又在滿城遭到傅軍突然襲擊，這一系列的戰鬥失利，使 4 縱傷亡損失慘重。由於損失過大，4 縱不得不于華北最關鍵決戰時刻，即 1948 年 1 月 10 日退出戰場，於 1 月 11 日轉向大清河北清剿國軍地方武裝去了。

軍戰史對此含糊其詞，沒提決戰時刻，主力 4 縱為什麼突然退出主戰場，去打地方武裝的原因和理由，4 縱司令員曾思玉在《曾思玉回憶錄》對這個戰役也隻字不提，回憶錄從石家莊一下跳到出擊察南，這種寫法其實就反映了問題的所在。所以一般讀者很難理解描寫得支離破碎、含混其詞的這段歷史。

對於這一系列的慘敗，1948 年 1 月 27 日，4 縱專門向野司和軍委寫了檢討，題目為《四縱隊戰役經驗及檢討》，《晉察冀軍區陣中日記》有這個檢討的記錄，檢討的最後說："我們願受黨給處分，並有信心改，決心改正。曾、王、王。"

當然為了縮小失敗，減輕責任，在這個檢討中對傷亡和損失做了大幅度縮小。

4 縱退出戰場後，華北剿總有了更大企圖，命令 94 軍、16 軍、暫三軍等部越過滿城，繼續南進，目標指向石家莊。

這個舉動從政治上讓國人看到，保定綏署打敗仗，丟地方，我們出山后，打勝仗，占地方，影響很大。-

從軍事上也是一舉兩得的高招，進軍石家莊，逼對方主力出來在自己預定戰場決戰，如果對方主力不出來，則重新佔領石家莊。

可謂一石數鳥的戰略，非常高明。

在 4 縱連續遭受重創情況下，晉察冀野戰軍覺得情況不妙，對方實力雄厚，有備而來，主力集中對主力，根本沒有戰機，戰局被動挨打，石家莊受威脅，於是決定全軍出動，派偏師 6 縱和 7 縱的一個旅佯攻保定吸引傅軍主力旁顧。

在傅部被吸引到保定方向後，晉察冀軍區 3 縱緊急出動，沿太行山腳隱蔽北上，乘虛進攻淶水縣城。3 縱幾個月前攻過淶水，熟悉那裏的地理和情況，淶水是保定和北平間護路要點，而且是國軍平津保防禦體系西側的警戒陣地，如果拿下淶水，國軍一定要增援，可用"圍魏救趙"計支援 4 縱，挽救整個決戰計畫。等傅軍被調動北上時，再尋找戰機消滅傅部主力一部，雙方都在爭取主動，調動兵力，以造成對自己有利的決戰態勢。

淶水受到 3 縱猛攻，守軍新 2 軍暫 31 師 2 團，立刻放棄城外據點，全團撤到城內，集中力量，沉著應戰，頑強固守。

（圖為 3 縱迫擊炮轟擊淶水城）

3 縱進攻淶水縣城的同時，野司命令 2 縱開往拒馬河以西姚村、塘湖地區，阻擊傅軍南下兵團回頭北上增援；命令 1 縱破擊東南高碑店－淶水段，準備阻擊高碑店方向援軍，保障 3 縱進攻。

傅作義得知 6 縱於 1 月 7 日佯攻保定後，為了保障保定安全，尋找晉察冀野戰軍主力決戰，將第 35 軍新 32 師、101 師進駐保定和定興觀察，確保保定。傅作義這麼一個安排，就是將自己嫡系主力第 35 軍控制在手裏作為機動部隊隨時出擊。

而命令暫三軍、16 軍、94 軍按原計劃南進石家莊。

第 35 軍的主力部隊新 32 和 101 師按照傅作義部署，1947 年底開始就到處尋找晉察冀野戰軍主力進行決戰。1948 年 1 月 9 日進駐保定，10 日乘汽車北上，11 日新 32 師進駐高碑店，和 35 軍部靠近，101 師進駐定興，進行整補。連日來官兵風塵僕僕，到處撲空，求戰欲望強烈，心情都很著急。

1 月 11 日黃昏，3 縱主力開始進攻淶水城，7、8 兩旅攻城，9 旅于東南方向白堡、史各莊、西義安、莊町地區作二梯隊，沒作戰鬥準備。

1948 年 1 月 11 日晚上，淶水縣長告急，解放軍主力攻淶水。這時 3 縱主力 7、8 兩旅正在進攻淶水，掃蕩週邊，9 旅在東南方向作預備隊。傅作義得到這個確切消息後，立刻下令新 32 師和 101 師乘卡車趕去增援，11 日晚上新 32 師和 35 軍部趕到高碑店，101 師兩個團趕到定興，雙方主力不期而遇。

淶水大決戰就此展開在河北大平原上。淶水大決戰前華北剿總兵力部署如下：

1. 101 師位於平保線上的定興。

2. 新 32 師和第 35 軍軍部位於平保線上的高碑店。

3. 35 軍暫 17 師 2 個團位於北平豐台保衛華北剿總總部。

4. 暫三軍、16 軍、94 軍，騎 12 旅正在向石家莊方向推進。

5. 暫 11 師與暫 17 師 1 團在平北南灣與平北解放軍決戰。

6. 騎 4 師位於保定。

1948 年 1 月 12 日拂曉，新 32 師留 95 團保衛 35 軍軍部，94 團由段吉祥率領，96 團由安立道率領，準時出發，由東向西增援淶水。

12 日那天拂曉濃霧彌漫，白茫茫一片，根本看不清地形和村莊，3 縱 9 旅戰鬥態勢向前向北展開，分佈在拒馬河西岸的北白堡、史各莊、西義安、莊町地區，根本沒有想到傅軍主力已到了拒馬河東岸的北義安，從後方發動突然襲擊，打到自己後方。

虎將段吉祥一馬當先率 94 團首先沖過北義安附近的拒馬河上橋樑，猛烈進攻守衛橋樑的 3 營 7 連，在這種大霧彌漫的天氣裏，進攻方掌握主動非常有利。戰鬥進展順利，勢如破竹，一舉就消滅了 7 連，並乘勝進攻，不久又消滅了 9 旅 27 團 3 營，只見一批一批俘虜往後押送回來，大約俘虜 3 營數百人，自己損失很小。96 團同時佔領北白堡、史各莊、西義安，嚴重威脅 3 縱後方。

9 旅報告 3 縱司令員鄭維山："有股敵人向拒馬河橋頭進攻，可能是民團。""民團？民團有什麼戰鬥力？迅速將敵消滅！"鄭維山下令。

不久 9 旅又報告："拒馬河橋頭陣地被敵突破，27 團 3 營被迫退入莊町，正在抗擊敵人。"鄭維山聽後很生氣，一個民團竟然把自己主力打得節節後退，下令："命令第三營堅決將敵消滅，不要影響主力攻打淶水。"3 縱司令員鄭維山這時想的全是如何攻下淶水城。

這時 94 團已經消滅 3 營，一鼓作氣地追擊 3 營殘部，攻進了莊町村，把 3 營餘下殘部幾十人包圍在村西北角一個院子裏，準備在村子過夜，這時 35 軍軍長魯英麟判斷很正確，指揮得體，認為前方情況不明，佔領了小村子沒什麼大意思，反而冒風險，命令天黑之前撤回拒馬河東岸。

初戰勝利使得戰功累累，英勇善戰的 94 團長段吉祥驕狂起來，根本聽不進這一正確命令。他認為對手不堪一擊，執意要攻進莊町，傲氣十足的師長李銘鼎也同意部下意見。

李銘鼎決心進駐莊町後，也隨 94 團之後，帶領 96 團進駐只有 200 多戶人家的莊町村。

9 旅不斷給鄭維山報告："敵人已攻入莊町，與我 27 團 3 營激戰。

27 團 3 營被敵人壓縮到西北角一所院子裏。另一股敵人向史各莊進攻。"

　　鄭維山命令 9 旅主力投入戰鬥，旅指推進到莊町村邊，設法捕捉俘虜。

　　鄭維山沒有想到打過來的部隊是傅作義系王牌部隊第 35 軍新 32 師，新 32 師被傅部譽為"虎頭師"，內戰開始以來一直是急先鋒。

　　莊町村緊靠拒馬河西岸，西北四公里是涞水城，河對岸是北義安。莊町被攻佔，敵人從後打過來，3 縱後方受到直接的嚴重威脅，已經處在新 32 師重機槍和迫擊炮射程內，部隊無法進攻涞水，3 縱司令員鄭維山大怒，命令 9 旅奪回莊町，正面停止進攻涞水。

　　新 32 師 94、96 兩團進佔莊町後，戰鬥從突然襲擊的進攻戰轉為防守莊町的村落防守戰，3 縱轉而發起進攻，進攻防守的傅軍，難度就更加大了。

　　9 旅因為遭受突然襲擊，損失一個營，丟了莊町，後方受到嚴重威脅，無法向上級交代，只得組織部隊進攻莊町，集中了全旅 3 個團，人山人海猛攻莊町，26 團 1 營從白堡以北反攻，26、27 團主力從白堡、史各莊、西義安地區沿拒馬河向莊町東面進攻，25 團從南北鄭各莊向莊町西、南兩面迂迴，整個 12 日的白天，9 旅在 7 旅和 8 旅各一部協同下發動了多次的猛攻。

　　讓 9 旅進攻，確實為難它了，攻堅本來就不是它的強項，就在幾個月前，9 旅曾經全力以赴，以兩個主力團，配以旅和縱隊炮兵，猛攻王鳳崗保安總隊一個大隊 300 多人防守的小村子大樓堤，結果打了 7 天 7 夜，死傷一大堆，也沒打下來。如今進攻新 32 師主力防守的村莊，更是困難重重，猛攻一天多，沒有一點進展，反而傷亡累累，守軍頑強抵抗，戰鬥毫無進展。

野司首長認為，北圍淶水已達到調動分散敵人目的，要求 3 縱緩攻淶水，集中 3 縱全部圍殲新 32 師于莊町村內，於是鄭維山除留小部監視淶水守軍外，把淶水城下 3 縱主力基本全部調了過來，加入莊町戰鬥，使兵力、火力形成絕對優勢，一定要拿下村子，消滅村內兩個團，全面戰鬥就此展開了。

新 32 師是第 35 軍主力之一，35 軍有三個主力師，頭號王牌 101 師，然後就是新 31 和新 32 師。新 32 師因為抗日戰功卓著，其 95 團第 1 營曾在抗日戰爭中榮獲榮譽旗（俗稱飛虎旗）一面，這是國軍各部中第一支獲得榮譽旗的部隊，也是獲旗單位中唯一一個營級單位。新 32 師被傅作義授予"虎頭師"稱號，該師旗幟上繡有"虎頭"標誌，該部 1945 年內戰開戰以來，歷經大小上百個戰鬥，從無敗績，士氣非常高昂，戰鬥經驗豐富，先後在綏遠八裏莊、集甯城外查汗營到駱駝脖、張家口戰役、興和、柴溝堡、懷安、天鎮、陽原、桑乾河小渡口、增援河北的正全戰鬥、掃蕩冀中、閃擊昌平陽坊鎮戰鬥中屢屢獲勝，每戰都以很小傷亡獲得巨大成功，既增長了全體官兵自信心，也滋長了驕傲輕敵情緒。94 團長段吉祥不聽軍長魯英麟正確指揮，堅持打進莊町，陷自己於孤立，就是這種情緒明確體現。

就在 3 縱全軍包圍村子發起進攻前，新 32 師官兵還驕傲地公然叫陣："你們要是野八旅，我們就打一打，不是野八旅就滾開！"

當然讓這樣的部隊防守莊町更是信心滿滿，第 35 軍部隊內戰開始防守作戰還沒有失利過，3 縱如果不集中絕對的人力、火力優勢，很難取得勝利。莊內兩個團都是主力，94 團團長段吉祥作戰勇猛善戰、機智果斷，百戰百勝；96 團長安立道為人機警聰明，思路敏捷，判斷準確，是一個幾乎沒有什麼明顯缺點的戰將，也沒有敗績。那些身經百戰的老兵在他們的指揮下，不慌不忙，非常沉著地守衛。

　　3 縱以營為單位一波又一波發起連續的衝鋒，希望在 12 日夜間能打開一個缺口。

　　久經沙場的新 32 師士兵冷靜地伏在工事裏，每次等到 3 縱部隊沖到距村莊 50 米左右處才突然猛烈開火，集火射擊，各種武器一齊發射，彈落如雨，迫擊炮和輕、重機槍組成密不透風的火牆，排子手榴彈如狂風般落下，進攻部隊在 5-6 分鐘就傷亡殆盡。第一批人躺下了，第二批又上來了，第二批倒下了，第三批又上來了，一批接一批，循環往復，一次又一次擊退，3 縱在 12 日一夜中如此反復衝鋒 9 次，屍首堆積如山，慘不忍睹，那真是一將功成萬骨枯。

　　一位參加過莊町戰鬥的 32 師軍官回憶說：“死的什麼樣都有，有的只有一條腿，有的沒有腦袋，有的腸子流在外面，有的腦袋掛在樹上，有的手貼在牆上，有的齜牙咧嘴。缺胳膊掉腿傷兵更是哭聲震天動地，令人心酸。我們都是打過十幾年仗的人，都不敢正眼看，戰鬥結束後，好幾天都吃不下飯。”

　　對於第 35 軍防守的這種近戰集火戰術，3 縱指戰員印象極為深刻，曾經擔任過 3 縱 8 旅 22 團團長的孟平同志在其回憶錄裏回憶：“傅作義的王牌軍 35 軍敢於把進攻者放到其前沿陣地最近距離，集中各種火器猛打。”

　　“我們在任何時候，都應該具有全面分析敵人的求實作風，從實際出發，決定我們克敵制勝的戰術。實戰中，凡是這樣做的部隊，勝利就多，反之，不僅付出的代價大，也很難完成任務。”

　　3 縱於 11 日晚到 12 日凌晨不間斷的激烈戰鬥中，傷亡極其慘重。據戰後被俘虜的 9 旅 27 團擔架排排長靳小山（26 歲，河北無極人）講：“淶水戰役，每團動員擔架 100 付，大車 150 輛，向後方拉運死傷士兵，但因傷亡過重，還抽調部分士兵抬擔架，該排士兵搶運屍首集中戰地後方，最後仍有好多屍首未及搶運。"靳小山在匆忙撤退過程中被俘。

3 縱攻得很勇猛，由於守軍是傅作義王牌軍，防守極其堅韌頑強，每一個小屋和院子都要經過反復爭奪數次才能奪取，每個街區都成為守軍防守屏障，佈置了極其嚴密的火力體系，封鎖了進出道路，3 縱的進攻進展極其緩慢。

3 縱隊司令員鄭維山認為主要原因是因為沒有足夠的炮火支援，於是將縱隊山炮營、重迫擊炮營及各團迫擊炮連全部從淶水調到莊町這個小村子，總共集中了 50 多門迫擊炮，臨時組成迫擊炮群，12 門山炮，調集了 10 個步兵營，全力以赴發起進攻。

13 日淩晨，鄭維山率領 3 縱隊領導親臨第一線指揮戰鬥，淩晨 5 時開始，3 縱集中全縱所有火炮，大小炮近百門猛轟莊町村，進攻開始前，從四面八方進行了 20 分鐘的猛烈急襲，炮彈密集如雨下，新32 師守軍經過一天兩夜的戰鬥，彈藥基本打光，筋疲力盡。這時 3 縱密集炮火發揮了關鍵作用，壓制了守軍火力，把村邊沿的工事、掩體、房屋都炸平了，炮火結束後，3 縱組織的 10 個步兵營從四面八方進行了向心突擊。至早上 6 點 30 分分別從西北、西南和南面突入村內，守軍極其頑強，逐屋逐院進行爭奪，誓死不退。彈藥打光跳出來拼刺刀，雙方同歸於盡，倒在戰場的景象比比皆是，戰鬥極其慘烈。

（圖為莊町村內 3 縱與新 32 師巷戰）

莊町戰鬥進行得非常激烈，槍炮之聲遠在 30 裏外的徐水村鎮都隱約可聞。

96 團長安立道都在猛烈炮擊中陣亡，94 團團長段吉祥在戰鬥中身負重傷，師長李銘鼎堅持在第一線指揮，身負重傷，仍舊裹創血戰不下火線，親自連續投擲手榴彈兩箱，最後被輕機槍射中要害數彈才陣亡。李銘鼎死後，莊內守軍和師直屬部隊並未混亂，這是傅軍一貫作風，各部都各自據守自己陣地拼死搏鬥，李銘鼎遺骸也被部下護送到後方，妥予斂埋。

94、96 兩個團的團營幹部一直堅持戰鬥在最前沿陣地，傷亡也最大，營團幹部基本都傷亡殆盡。

（圖為 3 縱進攻莊町村內新 32 師指揮部）

村內守軍除戰死戰傷外，剩餘的大部突圍，與前來增援的 95 團會合。

就在莊町村內激烈戰鬥進行時，軍長魯英麟命令 95 團從警衛 35 軍軍部的部隊中抽出兩個營，越過拒馬河緊急增援莊町。95 團少校政工處主任胡海龍站在拒馬河橋頭，挺立在槍林彈雨中大聲呼喊兄弟們：“不要慌，要鎮定，迅速地過橋。”95 團官兵們在他的鼓勵下迅速渡過拒馬河，在莊町村沿佔領陣地，阻擊 3 縱突入村內的部隊，掩護突圍部隊，成功地接應出突圍的部分 94、96 團官兵，沒有 95 團的支援，莊內官兵想要順利突圍就困難了。

新 32 師師參謀主任高步義曾提到莊町官兵突圍成功過程和 95 團

的增援作用。他在回憶文章中說："這時，迎面湧來了一群像是剛從陣地上潰退下來的、多數帶著武器的官兵，我立即和他們混在一起，跑到一個院裏。後面有解放軍跟蹤緊追，馬上把這個院子包圍起來，火力封鎖了大門，牆外扔手榴彈。這時有九十四團的王營長和我擠在一起，他對我說，段團長已負重傷，戰士們把他抬到一個院裏。……因為人們在躲避子彈，在院裏湧來湧去，有人發覺南牆外面是個數十丈高的懸崖，下面是條深溝，大家急中生智，一下子把牆推倒，從懸崖上滾下。解放軍緊追上來，猛烈射擊。我趁其射擊的間歇，一個躍進跑到懸崖對面的九間房子附近，看到我們的支援部隊已在佔領陣地。這大概是九十五團的一部。我還驚魂未定，顧不著同他們說話，直向橋頭堡奔去。走到橋邊，因我將近兩天一夜滴水沒有入口，乾渴難忍，就掬水痛飲了一頓。這時已近中午了。莊町村裏的槍炮聲，逐漸稀疏下來，看到公路兩旁的汽車不少。軍指揮所還在原地，人們焦急地朝著莊町村瞭望，一些傷兵和潰散的士兵三三兩兩，躺在地上，無人照管；幾間土房裏塞滿了俘虜，門口有兩個士兵漫不經心地看守著。忽然看到師長的衛士。"

從這段描寫可以看出，不少突圍部隊在 95 團接應下安全到達拒馬河東岸。

淶水發生激戰，總算抓住晉察冀野戰軍的主力，華北剿總緊急調動各路大軍增援合圍進行決戰。

1. 命令騎四師立刻馳援。

2. 命令暫 17 師從北平衛戍部隊中抽一個團、配一個炮兵連、一個騎兵連南下增援合圍。

3. 命令 101 師迅速和新 32 師會師。

4. 命令已經越過滿城的暫三軍立刻回師參加會戰，以汽車輸送，緊急趕往戰場，擔任後衛的新 31 師馬上後衛變前鋒乘汽車馳援淶水。

大軍從四面八方向淶水合圍，意圖一舉圍殲晉察冀野戰軍主力于淶水城下，合圍態勢已經形成。

當時傅部分散於四處，要集中起來迅速趕到一個戰場似乎不太可能，但是傅作義成功地做到了，傅作義運用火車、汽車、騎兵迅速增援。把新 32 師、101 師、騎四師、暫 17 師、暫三軍等全部迅速輸送到了戰場，決定了戰爭的最後勝利。

以傅部加華北中央軍僅有的 50 多萬人，想要控制華北五省二市遼闊的地域，是遠遠不夠的，不要說控制面，就連控制點線也遠遠不夠，如果再想以主力對主力，以運動戰對運動戰機動戰法，那就根本無從談起了。

傅作義能夠在就任華北剿總總司令後，以這麼點兵力完全控制這麼遼闊的戰場，並實行大規模機動。主要靠的就是二張王牌：

一，就是靠手頭兩個汽車團和一個獨立汽車營的上千輛卡車運兵調動，傅作義原任張垣綏署主任時，中央曾經撥給他一個輜汽 1 團，就任華北剿總總司令後，中央又以輜汽 22 團 450 輛道奇 T234 卡車編配給他，並撥給他一個獨立汽車營。二，就是靠騎兵機動。

淶水戰役，傅部迅速地調動主要依靠了汽車和騎兵。

接到命令後，騎四師行動最快，因為騎四師是騎兵，機動性特別強，最早於 12 日晚趕到了北義安，13 日一早立即發動猛攻，夾攻 3 縱部隊，及時地支援了莊町戰鬥。而後人編寫的軍戰史卻編造了一段痛打騎四師的故事，說什麼："集中兩個團的機槍，敵騎兵風捲殘雲似的連人帶馬一片一片地倒下。"無中生有地想像虛構出了一個故事，純屬子虛烏有。

3 縱司令員鄭維山沒有這麼寫，畢竟這樣寫與事實相差太遠，他是這樣寫的："我 24 團 2、3 營、26 團 1 營、20 團 2 營，將敵擊退。"用詞僅為擊退。

而事實則完全不是這樣，真正的歷史事實是，騎四師奇兵殺到，突然襲擊，當時正全力向莊町村內進攻的 3 縱完全沒有防備。準備打阻擊的 20 團 2 營正在一個絕溝內休息，被封在裏面被動挨打，騎四師經驗豐富的老兵抓住時機，迅速地往溝內投下近百枚手榴彈，2 營走投無路，猝不及防，損失很大，一個營被消滅。

20 團 2 營受到騎四師突然襲擊被消滅，3 縱馬上調動部隊趕來支援。師長劉春芳看到 3 縱大軍上來，下令撤退，騎 4 師撤退是因為劉春芳為人一貫如此，非常謹慎，只希望打突然襲擊的巧仗，看到對方有準備就不會戀戰，知道劉春芳的為人的話對他占了便宜就主動撤退就不奇怪了。

3 縱 20 團戰後總結這麼講："20 團 2 營 13 日拂曉進入陣地後，營連幹部過分強調部隊疲勞，沒有積極勘察地形和加修工事，使營整個戰鬥隊形均處在一條十分不利的大段絕溝內，一直待敵騎四師佔領陣地發起衝擊，部隊仍在溝內避風休息，因而從上至下一度造成驚慌失措，使敵控制了所有溝口，手榴彈已投入溝內。營連幹部方親自率領與敵開展激烈的白刃戰鬥，剎時雙方均有傷亡，經反復血戰，終將封閉溝口之敵驅逐，逐漸展開。由於麻痹大意，對部隊姑息遷就，而造成這一血的教訓，我各級幹部應深刻吸取。"

騎四師突然襲擊造成 2 營共傷亡正、負營長，教導員以下 200 余人。

根據當時任騎四師 11 團團長田綏民的回憶，20 團 2 營餘下的官兵數百人被俘虜。

筆者在 2006 年 6 月 17 日到內蒙古烏海市採訪田綏民將軍時，特地向田老詳細瞭解過騎四師淶水戰役情況，田老回憶說："騎四師接到剿總增援莊町命令後，從保定連夜趕回，2000多鐵騎撒蹄狂奔，風馳電掣般馳往淶水，第二天拂曉就到了莊町週邊，趕到戰場後，3個團展開一齊上，早上10點發動的猛烈進攻，那天濃霧彌漫，對方全然沒有防備，騎四師3個團展開一齊上，11團攻北面，第10、12團攻南面，猛烈衝殺，騎兵揮舞馬刀，左冲右突，往來馳騁，對方猝不及防，損失很嚴重。騎四師戰果很大，除了打死打傷外，還俘虜對方幾百人，繳獲幾百支步槍、機槍，全部帶走。"

田將軍回憶："國共兩家打仗，不是非打不可，所以他們一喊話，對方幾百人很輕易就投降了。"

而騎四師自身傷亡極小，只傷亡了20多人，根本不存在什麼"連人帶馬一片片地倒下"這樣的文學描寫，讓他們感到痛心的是騎四師20多人傷亡中，陣亡的有11團副團長張殿魁，陣亡的官兵中還有一個善戰的連長。因為傅部作戰，軍官都是身先士卒冲在前面，特別容易傷亡。

下午2點，騎四師撤退時，對方增援部隊上來了，11團有一個連因為傳令兵沒有傳到命令，沒有撤下來，田綏民逼著傳令兵再次通知。這時那個連已經安全撤下來了。

田老在淶水戰役以後，因為痔瘡發作，離開部隊回到北京。

在極左思潮橫行的年代，為了宣傳需要，軍戰史是失真的。

騎四師的迅速增援，改變了戰場的局面。《中國人民解放軍陸軍63集團軍軍史》1992年版有一段記載倒是可以參考的，它那麼記載：13日晨，騎兵第四師過了拒馬河，兜著圈子從背後向我殺來，晨光中馬刀揮舞，呼啦啦一片，來勢十分兇猛，情況對我十分不利。此時我縱隊只好分兵三處，分別對付淶水守敵暫 31 師、莊町之敵新 32 師，如今又來了敵騎兵第四師。特別是敵騎兵，在平原上作戰，速度快，攻擊力強，對我側後威脅極大。如果敵騎兵突破我縱隊防線與莊町之敵會合，僅隔數裏之遙的淶水之敵出城來援，我縱隊將會三面受敵，陷入被動。

真實地描寫出了當傅部援兵幾面到來時，3 縱所處的危險境地。

莊町戰鬥激烈，35 軍軍長魯英麟派出 95 團兩個營接應莊町守軍，隨後於 12 日夜率軍指揮部、軍直、95 團一個營向溫辛莊撤退，遭到 1 縱 1 旅截擊，第 35 軍 200 多人陣亡，430 多人被俘，汽車和榴彈炮都暫時被 1 旅繳獲。軍長魯英麟從騎四師師長劉春芳手裏要了些馬，帶了些人先撤回高碑店。

第二天早晨，第 35 軍軍長魯英麟由於不瞭解前線真實戰況，不知道由於暫 17 師一部和騎四師增援，武器裝備損失已經減到最小，尤其是榴彈炮已經奪回，仍舊誤以為損失很大，竟然在高碑店車站一節空車廂裏開槍自殺。

第 35 軍駐在北平的另一主力師暫 17 師，本來任務是保衛總部，是傅作義的御林軍，因為平北南灣戰鬥激烈，暫 11 師與平北解放軍獨立 2 師等 5 個團正在激戰，迫切需要增援，傅作義已經抽出暫 17 師第 1 團增援南灣。他手頭只剩下兩個團警衛剿總，這時淶水又吃緊，他不得不派出暫 17 師第 2 團，配以騎兵一個連，炮兵一個連，並且命令師長朱大純親自帶隊增援淶水，不顧北平基本呈空心狀態，只剩第 3 團一個團留守的這麼一個嚴峻的現實。

第 2 團組成步、騎、炮增援部隊後，星夜由西直門乘軍用列車南下，由西直門沿平漢鐵路飛馳迅速增援淶水，他們繞道先過涿縣，到達松林店，折而向西，經榆林村，進攻歧溝－北義安，支援 32 師。

　　1月13日下午1點，暫17師2團剛過榆林村，先頭騎兵分隊到達榆林村邊，遭到歧溝村內1旅旅部留守部隊的猛烈射擊，無意間暴露了設在村裏的1縱1旅旅部，當發現村裏是指揮機關，朱大純指揮暫17師炮兵連放列後，向村內轟擊，第2團3個營迅速展開三面包圍了村子，向歧溝村進攻。第2團這個進攻非常及時，拯救了35軍部和炮兵。2團的先頭部隊騎兵連200多人也借著大霧掩護，突入村莊，猛烈來回衝殺、射擊，使1旅旅部受到很大損失，很多人員被騎兵俘虜。

　　當時1縱把所有部隊都派上前線，正在北義安、溫辛莊公路上襲擊撤退中的35軍軍直和95團撤退的部隊，並獲得不錯戰果，他們繳獲汽車80多輛、榴彈炮2門、戰防炮各一門。

　　在1旅旅部駐地岐溝村內，駐有1旅旅部、旅直屬隊、司、政、後機關，警衛連等共計150餘人。再加縱隊直屬山炮營兩個連，俘虜接收站等，村內總共有官兵400多人，牲口100餘頭。在受到突然襲擊後，旅首長命令警衛連、所有幹部、勤雜人員組織起來，每人增發手榴彈，進入陣地，由警衛連指導員統一指揮，堅決抵抗，炮兵營和其他人則集合待命，準備突圍。

　　下午不到2點，戰鬥打響，村內一個警衛連外加一些手持短槍的機關幹部去和傅作義御林軍暫17師一個主力團戰鬥，根本就無法做有效抵抗，村內守軍隨時可能被全殲，情況真是十萬火急，危險到了極點！

　　設在歧溝村1旅旅部受到突然襲擊，非常慌亂，旅長曾美緊急呼叫1、2、3團回援，同時呼叫縱隊支援，一時大亂。當時1縱部隊正在忙於戰鬥，無人接聽電話，情況非常危險。旅政治部副主任王卓、旅通信科科長許恩榮、旅部作戰科副科長張啟榮、1團政治處主任張震宇等旅團級幹部都在突然襲擊中受傷，警衛連、機關幹部勉強應戰，很多幹部被傅部騎兵俘虜了兩次，逃出後又參加戰鬥。

最後旅部派騎兵通訊員沖出包圍，通知部隊解圍。知道旅部受到襲擊，1 旅部隊趕緊回援，縱隊也緊急調 3 旅和 2 旅增援，1、2、3 旅部隊都無心戀戰，丟掉繳獲的榴彈炮、汽車等戰利品，紛紛回頭救援 1 旅旅部。

3 旅 7 團猛攻後碑資村，希望打開一條救援通道，但是遭到預有準備的傅軍伏擊，戰鬥失利，沒有成功，損失很大。

下午 5 點，2 旅 5 團從楊康方向猛攻，1 旅 2、3 團也都向旅部歧溝村增援。

雖然都沒有成功，但是增援部隊的到來吸引了圍攻村內的部隊，下午 5 點乘著圍攻村子的部分部隊轉向迎戰增援部隊的機會，旅長曾美命令抽空突圍，機關、1 旅旅直、炮兵、警衛連得以先後撤退出村。看到 1 旅旅直撤退後，增援部隊和 1 縱隊都迅速撤出戰鬥，1 縱首先退出戰場，所有戰利品都丟棄戰場，化為烏有。

經過一個下午的戰鬥，擊退 1 縱後，朱大純指揮暫 17 師第 2 團於傍晚 5 點多佔領歧溝村，並與 35 軍軍部取得聯繫。

這樣第 35 軍軍部、炮兵營都轉危為安，得以安全撤到高碑店，丟失的汽車、大炮、物資也全部奪回。晉察冀軍區陣中日記記載："因為前去截擊暫 17 師，80 多輛汽車、兩門榴彈炮、大量物資都放棄沒有帶走。"

實際上，在被 1 縱伏擊過程中，輜汽 22 團 80 多輛汽車中被 1 旅部隊破壞了 26 輛，無法再使用。這個戰鬥非常驚險，1 縱傷亡大，收穫小，得不償失，非常懊喪。

2 旅副旅長劉蘇同志在 13 日日記裏記載："敵 17 師自松林店向碑

資歧溝增援，一旅被圍，5 團解圍，這一戰鬥價值是解了一旅之圍。我傷亡不小，繳獲不大。"

淶水遭到 3 縱圍攻，華北剿匪總部命令新 32 師從高碑店由東向西增援，同時命令 101 師立刻出發增援淶水，35 軍軍長魯英麟命令駐在定興的第 35 軍 101 師由南向北增援，"下令明天（12 日）上午 9 時務必到達（淶水），與新 32 師會合。"

接到命令後，為了增援迅速，101 師師長郭景雲下令全軍立刻輕裝出發，士兵除了攜帶武器、彈藥外，每人只准攜帶一件大衣，不准攜帶任何其他物品，101 師 301、303 兩個團登上 250 輛 T234 道奇卡車，於 12 日早上 6 點出發，大炮全部以汽車牽引，依靠汽車的機動，結果神速地於 2 小時後到達戰場，打了對方個措手不及。

此戰，101 師打出了很高的技戰術水準，反映了 35 軍的實際情況，決定了淶水戰役的勝敗，吳村、高洛戰鬥可以稱為 35 軍經典仗之一，是研究 35 軍戰史的重要資料。

攻淶水，首先要保證後方，阻擊對方增援，向東要守莊町、白堡、史各莊、西義安，即高碑店方向增援。向南必須守住武村、高洛，阻止保定方向的增援，這兩地如守不住，則戰略態勢極為惡劣，接下來無險可守。101、新 32 師和淶水守軍將形成三面夾攻態勢，圍攻 1、2、3 縱于淶水城下三角地帶，而偏偏這兩地都被 101 師輕易攻佔，淶水戰役是打不下去了。所以莊町戰役一結束，3 縱、2 縱、1 縱匆匆忙忙未打掃戰場就倉惶撤退了，幸好也撤得早，1、2、3 縱打一個不完整的 35 軍都用盡了全力，如暫 3 軍主力趕到，那就真的太危險了。事實上主力軍暫 3 軍新 31 師於 12 日晚上趕到定興，13 日下午已趕到莊町，差的就是幾個小時。

2 縱 4、5 兩個旅阻擊都沒能阻住 101 師兩個團，兩軍之間存在著很大差距，傅部多年征戰磨練出的高超的技、戰術水準，第 35 軍戰鬥力尤其是 101 師在華北戰場上是首屈一指的。

1948 年 1 月 12 日早上 6 點，101 師師直和兩個團乘卡車從定興縣城出發，8 點進到吳村南 300 米，士兵們下車後，首先由前衛騎兵經田侯村向吳村、高洛進攻，由於大霧彌漫，伸手不見掌，行軍速度較慢，同時也讓對方麻痺。

前哨部隊騎兵連一馬當先，進到吳村南 300 米，被守軍 2 縱 5 旅 14 團 2 連發現，但他們認為騎兵是看地形的首長，101 師步兵是友鄰部隊，沒有防備，被打了個措手不及。101 師見守軍沒有防備，果斷以騎兵向正面一個猛烈突擊，另二路分別向左右兩翼迂迴夾擊包抄，切斷守軍退路。

面對突然襲擊，14 團 1 營副營長雷自德、2 連長張明堂驚慌失措，帶著部隊就跑，也沒組織兵力、火力掩護，實際上也沒有時間組織。跑得慢的 2 排副排長和 28 名戰士被俘，被敵繳去機槍一挺、步槍 18 支、60 炮一門，輕易地丟了吳村這個重要據點。

這個戰鬥貫徹了傅部攻其不備、出其不意的戰術特點，攻方沒有任何損失攻佔重要據點，首戰乾脆俐落告捷。

5 旅知道吳村失守後，命令 15 團集結南北大位，13 團集結于富位，準備反擊奪回吳村。

但 101 師就是 101 師，它是 35 軍的王牌師，傅部頭號主力，華北戰場頭號主力，經過抗戰八年洗禮，戰鬥力超強，求戰欲望極其強烈，不會佔領一個陣地就止步不前，它根本沒有在吳村停滯不前，而是繼續進攻。

101 師馬上派出一部，沿吳村向高洛前進。2 縱發現敵情後，5 旅 14 團 2 營這時正在南高洛開始構築工事，吳村失守後，4 連副連長率

1 排進到高洛村東南 300 米處，構築前沿工事。部隊剛展開，吳村 2 連部隊已撤到南高洛。因此 4 連副認為衛尾而來也是吳村撤下來的部隊，是自己人。101 師士兵機智地冒充友軍，一直進到離 4 連 30 米處，該排向 101 師前哨士兵喊話："停止前進，用旗子、哨子聯絡，"那幾個士兵沉著的回答："我們沒帶旗子、忘記番號。"一面迅速跑步接近陣地，並首先舉起衝鋒槍準備抵近射擊，4 排戰士舉起三支步槍，101 師士兵大聲喊："不要誤會，自己人！"同時迅速猛撲接近了陣地，當接近陣地距離僅 10 米時，一排長看清是敵人，馬上報告 4 連副。4 連副從未看到過如此大膽勇敢的對手，叫 1 排排長看眼色行事，沒作任何處置，自己嚇得悄悄一個人跑回高洛村去。一排長看連長跑了，命令："機槍掩護，部隊撤回村。"

但是 101 師士兵撲得太猛了，衝鋒槍已架在頭頂了，大喊："繳槍不殺！"跑得慢的 18 個人都作了俘虜，計有擲彈筒組 3 人、步兵 3 人、工兵 6 人、擔架員 6 人。

高洛村外打響了，2 營將 4 連、5 連、6 連、工兵連、炮連全營集中在南高洛準備固守。14 團認為一個營守不住南高洛，向 5 旅報告，5 旅命令 14 團 2 營撤退。12 時上午 10 點，2 營撤出南高洛，5 旅命令下達後，覺得不妥，高洛是最後一道屏障，如此輕易撤守，豈不陷於被三面夾攻的危險地了嗎？5 旅於是又下命令不撤，但南高洛部隊已撤收電話，無法聯絡。

101 師不費吹灰之力，沒有任何損失，輕鬆佔領兩個主要陣地，又向兩側南北大位發展，企圖最後解決兩翼守軍，再向淶水城下進攻。

101 師的迅猛進展使淶水城下 3 縱受到很大威脅，4、5 旅已經沒有退路了，決心反攻奪回吳村。

101 師看到對方主力集結發起反攻，立刻退到吳村、高洛兩點固守。

5 旅以 13 團 2 個營、15 團 2 個營、14 團 1 個營，總共 2 個多團 7 個營絕對優勢兵力猛攻吳村，101 師 303 團方向戰鬥最激烈，303 團頑強抵抗，經 2 小時激戰，到中午 12 點，15、14 團攻不動陣地，形成對峙。13 團倒是勇猛衝擊，打得很凶，1 連沖得最猛，沖到吳村邊沿，被 101 師守軍候個正著，從兩翼迂回包圍冒進的 1 連，打死部分，俘虜 1 連 20 多人，繳獲輕、重機槍各一挺。

遭此打擊，5 旅進攻頓挫。

其中 5 旅 15 團問題最大，由於倉促投入戰鬥，盲目衝擊，把主要突擊方向選在敵人火力最嚴密的西南角，2 縱戰史記載：加之指揮不嚴密，部隊組織混亂，重機槍沒組織，迫擊炮分散使用，山炮天黑才進入陣地未起作用，和部分射手因無組織，在敵火下不敢射擊。如今其射擊則盲目射擊，打完了算，未能起到掩護部隊，壓制敵人作用。

5 旅 15 團連續進攻 7 次失敗，最後傷亡大到已無力再進攻。

旅長馬龍火了，決定增加兵力，經報縱隊批准，調來 4 旅參戰，投入戰鬥。4 旅援兵到後，5 旅會合 4 旅 11 團，於 12 日下午 16 時發起總攻。進攻發起前，集中了幾十門迫擊炮和山炮先作密集炮火轟擊，強大的火力把村子都要快炸平了，於是部隊前赴後繼，一浪又一浪發起衝鋒，從 12 日下午 16 點到整個晚上，4、5 旅發動 7 次總攻，每次不是被反擊下來就是白白死傷一大片。

每次幾百發炮彈轟完後，村裏寂靜的像死去一般，守軍好像都被炸死了，進攻部隊一擁而上，眼看著沖到村邊沿了，就要成功了，馬龍高興得心都要跳到喉嚨口了，突然守軍一下像從地裏冒出來，槍、炮、手榴彈齊發，接著就反擊出來，幾分鐘內進攻部隊就死傷幾百人，吳村邊沿鋪滿了屍體。5 旅和 4 旅傷亡巨大，無法再戰。

郭景雲指揮的 101 師防守水準比新 32 師還要高超大膽，給進攻部隊造成了重大損失。

根據 2 縱戰後總結反映，目睹死傷的慘重，2 縱大多數官兵意志消沉，喪失進攻信心。

2 縱在戰後總結中沉痛地說："官兵們有的沒有上級命令擅自撤退，有的令其攻擊不動，有的攻擊時跑兩步就臥倒，只要敵炮、機槍一打就垮下來。甚至敵一個班反衝擊，也往下退，缺乏與敵拼刺刀的革命精神。如 13 團 1 營長令其部隊衝擊時，部隊不動，經好長時間動員才沖。5 旅 15 團，一夜攻了 7 次，部隊傷亡很大，當得知吳村守軍是 101 師時，更加信心不足，右傾悲觀，怕自己一個團、一個營、一個連打進去解決不了戰鬥，結果不積極，不負責任，無組織地攻了幾次。有的攻到村邊，被敵反衝擊，一垮而下，攔也攔不住，發謠風亂跑。有的跑到急救室，有的就在戰場上隱蔽起來，幹部也不掌握部隊。該團 3 連配屬 3 營時，指揮不動。14 團 6 連連長孟慶村也是這樣，當其率一個排被敵反衝擊，沒有上級命令就擅自往防空洞裏跑，而叫通信員去給 2、3 排傳令撤退，另部隊與部隊之間也互相觀望，你攻我也攻，你不攻我也不攻，有的看著友鄰攻到一定程度，自己也攻一下，如友鄰受挫折則自己不動。紀律鬆弛，沒有積極主動的殲敵思想和頑強的戰鬥作風。13 團、14 團、15 團都有此種現象。"

從晉察冀軍區 2 縱這個戰鬥總結中可以看出，35 軍 101 師是讓對手聞名生畏的傅部頭號勁旅。

2 縱于吳村、高洛受重創後，與傅部進入對峙。13 日中午 12 點多，傅作義發火急電報給 101 師，命令不要在吳村、高洛糾纏，馬上撤退轉向增援新 32 師，101 師師長郭景雲決定留 303 團 3 營掩護撤退，主力渡過拒馬河撤退。

　　2 縱命令 4、5 旅追擊，14 團只用 3 挺機槍、2 門迫擊炮為 101 師鳴禮炮送行，各部都不願追擊。15 團到 5 點看看沒有敵人了，派了 5、6、7、9 四個連追擊，槍炮齊發射擊渡河的部隊，正在渡河的 101 師士兵和騾馬有些損失，大炮陷於河中，一片混亂景象，15 團追兵跟蹤追擊到了河邊，這時已經渡過河的師長郭景雲急忙命令部隊反擊。郭景雲不但是優秀的師長，還是出色的炮手，他親自操作已經安置在河東岸的大炮，向 5 旅追兵轟擊，一連準確地發射幾十發炮彈，才阻住了追兵，渡過拒馬河的部分 15 團部隊，遇到 101 師反衝擊，損兵折將退回吳村，不敢戀戰，輕、重武器（迫擊炮）、屍體丟得一地，立刻撤離戰場。

　　101 師撤出吳村、高洛後，在 13 日下午時分，派人聯繫新 32 師，準備加入莊町戰鬥，聯繫人回來說：莊町戰鬥已經結束，已無增援必要。101 師於是返回定興。

　　吳村、高洛是極其猛烈的主力戰之一，2 縱原來任務是阻擊，不準備作如此激烈主力戰鬥，但是莊町戰鬥膠著，哪個部隊都無法脫離，13 日下午，莊町戰鬥好不容易結束了，正面 101 師撤退了。2 縱也迅速脫離戰場，哪有什麼心思逗留。據被俘虜的 2 縱 5 旅 14 團排長焦春桂（29 歲，河北河間人）講："此次作戰之猛烈與死傷之慘重為他歷來參加戰役從未有過的，原企圖佔領淶水，擾亂國軍後方，沒想到與傅軍主力相遇，戰鬥第一日傷亡過重，使前方陷於膠著，不結束莊町戰鬥，就無法脫離戰鬥。"

　　2 縱為此戰感到十分沉痛，2 縱戰史總結經驗教訓這樣記載：部隊紀律不嚴，頑強戰鬥精神差，執行命令不堅決，作戰中處處被動。在敵進攻時，守不住，使吳村、高洛兩個應該固守的陣地丟失；向敵突擊時，部隊上不去，突不進，立不住，數攻不克；在敵反衝擊時，頂不住，一沖就下；當敵突圍時，沒堵住，給敵 101 師得以逃竄。

由於傷亡慘重，戰場表現差，武器丟的太多，晉察冀野戰軍高層震怒，戰後進行了大規模處罰，縱隊在河北定縣進行"三查"、"三整"的同時，於 1948 年 2 月 2 日至 6 日，在縱隊黨委的主持下，召開了營以上幹部大會，野戰軍司令員楊得志同志親臨參加，並作了戰術思想和戰鬥作風的報告。

大會就吳村、高洛戰鬥未能全殲敵人的問題作了認真的檢查與處理。第 5 旅和第 14 團的主要領導同志在會上進行了檢討，到會同志也就此問題聯繫自己開展了批評與自我批評，並對此戰鬥明確了 14 團領導應負主要責任的問題。為了記取教訓教育幹部，經上級黨委批准，給予第 5 旅旅長馬龍、政委李水清記大過處分，14 團團長雷育龍、政委李學昌以行政降職處分，雷降為副團長，並撤銷其黨委書記的職務，李降為副政委。

我軍處罰幹部級別之高，到了師旅級，在解放戰爭中是罕見的。

後人編寫的戰史把這個戰役結果描寫為勝利，戰史這麼寫："12 日 17 時，我 2 縱隊向敵 101 師發起攻擊，激戰至次日 15 時，攻入吳村，殲滅敵 101 師 600 餘人。"

對於這麼一個失敗，野戰軍司令親臨現場處理，各部做了那麼多檢討，處罰那麼多高層幹部，竟然被後世作者寫成一個勝利，是極左年代的特定歷史情況。今天看來，顯然不符合歷史事實。

吳村、高洛戰鬥，2 縱 2 個旅以人海戰術猛衝碰上 35 軍頭號主力 101 師兩個團，犧牲實在太重大。雖然擔架隊奮力搬運屍體，搶救傷患，由於撤退匆忙，犧牲人員太多，仍有大量屍體未能及時搬運。戰後傅作義部隊打掃戰場時除了發現戰場遺留大量屍體外，還在高洛以南小溝中發現遺屍 173 具，吳村之窪地裏遺屍 350 多餘，戰場附近枯井四口填滿死屍，其中一具半個手臂還在顫動。

101 師在高洛、吳村兩晝夜的激戰中，陣亡 200 多人，負傷 6 到

700 人，損失山炮 3 門。

　　據戰後傅作義給陳誠的信記載："101 師于高洛、吳村戰鬥兩晝夜，傷亡亦達八、九百人。"以 101 師這種技戰術不但屬於華北最高水準，而且也是全國最高水準的部隊之一進行防守，攻方傷亡一定是數倍于守方，再結合戰場戰況和戰後清理戰場情況來看，2 縱在進攻過程中傷亡人數起碼要有 2 千多到 3 千多。

　　吳村、高洛之戰，101 師攻必克、守必固，進退自如，隨心所欲，顯示出深厚的戰術素養，強大的戰鬥力，以極小損失重創了對手，表現出極高的技戰術水準，是淶水戰役的關鍵。拯救了莊町 32 師 2 個團。13 日中午，101 師接到傅作義撤退轉向增援莊町命令後，於下午 3 點從容撤退，先架橋，再運傷患，戰鬥部隊逐步後撤，整個撤退過程井然有序。

　　莊町戰鬥激烈進行時，南面幾公里處吳村、高洛傳來密集激烈的槍炮聲一陣比一陣緊，東面歧溝方向傅軍增援部隊激戰聲也近在咫尺，後面淶水城守軍虎視眈眈，再南面暫三軍援軍正在飛速趕來合圍。

　　3 縱司令員鄭維山從紅四方面軍那時起就是高級指揮員，久經戰陣，看到這個架勢，心裏明白，2、3 縱正處在十分不利的包圍態勢中，包圍圈正在合攏，不能再猶豫了，必須立刻脫離戰場，任何拖延都將是滅頂之災。

　　13 日中午過後，莊町戰鬥結束，3 縱原本繳獲了 32 師遺棄的十幾門迫擊炮，使迫擊炮總數量達到 60 多門，但在如此緊迫情況下，3 縱根本無法也無心攜帶，再也不敢停留，更沒有打掃戰場，清理和攜帶戰利品，甚至把自己的重武器也大量地遺棄，立刻向山區撤退，由於撤得非常匆忙，連本方陣亡者的屍體都沒有掩埋或帶走。而一般說來解放軍是不允許丟棄傷患和不掩埋犧牲戰友遺體的，但是淶水戰役情況特殊，匆忙撤退之中只有將犧牲戰友遺體拋棄在戰場了。

可以理解為什麼 3 縱必須迅速撤退，倉皇得連自己的武器都不帶，戰鬥結束撤退時連犧牲戰友遺體都拋棄。可以想像一個正常人坐上二天一夜，都累得受不了，更何況經過二天一夜 33 個小時的浴血死戰更是精疲力竭，孫子曰："強弩之末勢不能穿魯縞，"捅一層布的力氣都沒有了，到了生理極限。這時無論哪一方，哪怕上來一個營的生力軍都會像泰山壓頂、摧枯拉朽一般給對方致命的打擊。而對方主力暫三軍全軍正迅速開往戰場，101 師馬上可能趕來，騎四師隨時可以捲土重來，淶水守軍隨時都有可能出城出擊。而晉察冀野戰軍 1、2、3 縱全都拼盡全力，沒有餘力再戰了，野司也沒有任何其他援兵和預備隊可以再用了。

在這種情況下，應該說：野司和各個縱隊領導下令迅速撤退，是當時唯一正確決定。

雙方撤離後，血戰後的戰場重歸平靜，靜得可以聽到鮮血在黃土地上汩汩流淌，垂死的重傷患低聲呻吟。

這種平靜只維持了很短的時間，幾個小時後暫三軍主力，新 31 師就開到了戰場，先頭團 91 團率先到達，團長孫英年騎馬第一個趕到戰場，他看到一生中最慘烈悲壯的景象，沒法用語言形容，叫，"枕屍十數裏，雙方的屍體保持原狀。有頭對頭倒下的、有刺刀插在一起倒地、有扭打在一起倒臥、仰臥的，輕、重武器原封不動遺棄在邊上。"實在太慘烈了。

淶水戰役，無可否認，1、2、3 縱是盡了全力的，3 縱 8 旅也是有戰鬥力的，最終雖然失敗有很多原因，但是實力差距是根本原因，和久經沙場抗擊日寇的傅軍作戰，尤其是主力 35 軍、暫三軍對壘，無論是戰鬥經驗，技、戰術水準都有差距。哪怕到了 1948 年底，這種差距依然存在，那時 35 軍兩個師依舊可以獨來獨往，橫衝直撞在平綏線上。

關於這一點，傅作義經過幾次戰役後已經看得很清楚，他曾在部隊長會議上告訴全體將領說：「無論如何今天和共產黨作戰，比過去和日本人打仗，容易的太多了。」（摘自《傅長官講話》第 48 頁）

淶水戰役，關於新 32 師的損失，由於多年來的宣傳，一直是個謎團，無論是有關軍戰史或相關回憶錄都說：「全殲新 32 師 7000 多人，」完全與史實不符。

要搞清這個問題，首先要確定進入莊町村內 32 師 2 個團有多少人，

1）63 軍戰史明確記載：莊町「守敵 32 師師部、94、96 團及師屬山炮連 5000 餘人。」

2）1995 年 4 月版的《189 師師史（3 縱 9 旅）》第 104 頁：「32 師 5000 餘人被 3 縱 7、8、9 旅協同殲滅。」

都明確記載莊町守軍為 5000 人左右，再看村內守軍為一個師部、兩個團加一個炮連，5000 人數字應該是準確的。

但是 5000 人中損失多少呢？在紀念魯英麟、李銘鼎的追悼會上，傅先生明確公佈過數字：「淶水戰役我們陣亡官兵 1100 多人（含新 32 和 101 師），傷的是 1800 多人。」

其中新 32 師在莊町陣亡 600 多，傷 1 千數百人，總傷亡為 2000 多人，餘下 2000 多人在 95 團接應下突圍，還有數百人被俘。新 32 師總的損失 2000 多人，整個數字吻合。可以想像，依託房屋和工事的防守方是經過八年抗戰的傅軍主力，戰鬥意志堅強，戰鬥經驗豐富，尚且有 2000 多人傷亡；而無遮無攔的進攻方華北野，其作戰模式從抗戰時期遊擊戰轉入陣地進攻戰，技戰術水準有限，在平原地帶的進攻，其傷亡損失之大。

臺灣‧國史館蔣中正革命文獻文檔裏面交代的很清楚，傅作義致蔣中正電，序號 12126、序列號 4450.01-017，傅作義報告：「援淶水戰役，李銘鼎予共軍重挫後，負傷殉職，該部並未潰亂。」清楚地交代新 32 師健在，建制不亂。

華北剿總司令部作戰參謀李知非解放後應政協的要求，在內蒙古文史資料第 9 輯中寫的回憶文章中，表達得很巧妙、很清楚："（淶水戰役）以後又投入更大範圍的五個省的戰鬥。對於小小的淶水戰役給人的傷痛，早已忘諸腦後。"小小的淶水戰役給人的傷痛，明眼人一看就懂，這只是一個小小的損失，根本就談不上什麼全殲。

很明顯，作為一個有 1 萬人編制的新 32 師，損失 2000 多人，無論如何也談不上全殲，連重創都遠遠談不上。保定文史資料第 5 輯《保定解放大事記》第 246 頁也有相應記載；"此役擊斃新 32 師師長以下 2000 余人，俘虜 1570 餘人。"新 32 師傷亡數字　　　也是 2000 多人。可見軍戰史聲稱消滅新 32 師 7000 人與歷史事實完全不符。

軍戰史和教科書所說的莊町之戰全殲新 32 師等等只是為了宣傳而炮製的一個故事而已。

讀者如果看過原始的晉察冀軍區陣中日記，就會完全瞭解實際情況，以上討論的必要都沒有，因為宣傳是宣傳，史實是史實，事後編寫軍戰史的編者和作者很多都是為了宣傳需要和長官意志而隨意編寫的。

讓我們共同來看看原始的《晉察冀軍區陣中日記》怎麼記載的，1948 年 1 月 14 日《陣中日記》這樣記載：

"11 時，野司。

我于莊町殲敵新 32 師一個多團，101 師兩個團亦于吳村被我擊潰，犯完滿地區之敵暫三軍、16 軍、94 軍倉皇北調，刻正向定興淶水急進中。"

……"部隊中應迅速總結經驗，檢討傅匪戰術，進行教育，準備作戰。"

明確記載只消滅新 32 師一個多團，與傅作義公佈新 32 師損失 2

千多人完全一致。

淶水戰役，傅部獲得重要勝利，控制河北心臟，奠定平津保乃至河北戰局。

判斷一個戰役勝負得失，有結果作為衡量標準，就是小平同志所說；"實踐是檢驗真理的唯一標準，"淶水戰役對傅部來說結果是很明確的；

1. 是否達到戰役目的，結果達到，淶水城安然無恙。

2. 是否達到戰役另一目的，結果達到，重創對方，贏得主力決戰勝利。

3. 是否達到戰略目的，達到，而且結果超過預期目標達到，贏得平、津、保決戰勝利，晉察冀野戰軍從此退出這個戰場，不再和傅軍主力決戰爭奪平、津、保控制權。傅部經過此戰控制了平津保三角地帶，一戰定河北。

4. 雙方傷亡比，對方倍大於己方。己方 3000 多，對方 1 萬多人。

5. 繳獲；傅軍作為勝利方戰後打掃戰場，繳獲甚豐，繳獲重武器尤多。

傅軍總的損失，32 師傷亡 2000 多人，101 師于高洛、吳村戰鬥兩晝夜，損失 8 到 900 人，新 32 師還有百餘人被俘，兩者相加，此戰傅軍總損失 3000 多人。

戰後，傅作義在給陳誠電報中將淶水戰役過程和損失情況描寫的清清楚楚，證明傅軍在淶水戰役總損失就是 3000 多人，電報如下："魯軍此次馳援淶水戰役，以新 32 師損失較重，但其官兵戰鬥意志，始終堅強不屈。該師主力與十倍於我之匪，在莊町村拉鋸爭奪，慘烈空前，師、團、營長傷亡殆盡，而所餘官兵，猶能各自為戰，換取敵人若干倍於我之傷亡代價。尤其可貴者，該師 95 團兩個營，曆全役經過，經匪多次續攻，屹立未動，此種充沛精神，以視敵最初整營整連，迅速被我解決俘虜，誠如鈞見，為匪我消長之轉捩點，剿匪終必成功無疑。至該師收容情形，初步清查，在官兵傷亡慘重狀況下，可能損失山炮五、六門，兩個團武器之過半數，陣亡官兵屍體五百餘具，受傷官兵約千數百人，均已分別裝殮後運。惟士氣依據傷兵談話，絲毫不受影響，相信短期內略加整補，必可重開前線。此外 101 師，于高洛、吳村戰鬥兩晝夜，傷亡亦達八、九百人，辱承激勵，尤深感奮。"

關於晉察冀野戰軍的傷亡，傅作義給蔣先生的電報中有明確數字，臺灣·國史館，蔣中正革命文獻，序列號 4450，01-017 傅作義致蔣中正電報告中記載："我軍馳援淶水戰役與共軍激戰使共軍萬人傷亡。"

晉察冀野戰軍 1 萬多人損失中：

3 縱損失 6041 人（包括傷亡和被俘），陣亡 1 千數百人，僅排以上幹部就犧牲 98 人，被俘數百人；

1 縱傷亡損失 1990 人，據《晉察冀摘報本》記載 1 縱損失數位："傷旅政治部副主任王卓、一團政治部主任張震宇、旅部作戰科副科長張啟榮、營幹二以下 1522 人，亡營幹 3，及連級以下 381 人，被俘 20 人，失聯絡 64 人。"

2 縱損失約 2、3 千人。

從損失總人數看，晉察冀野戰軍相比要比對手大的多，除了 1 萬多人損失外，丟棄大量重武器，幾十門迫擊炮，被對方繳獲。

關於莊町戰役雙方的傷亡，當時負責督察華北，東北等地的軍隊作戰情況的國民政府主席特派戰地視察組第四組中將組長羅奇有一個秘密報告，彙報莊町戰鬥情況。

蔣介石不放心各個戰區司令長官的戰事報告，尤其是出自非嫡系的傅作義的報告，在授予傅作義華北剿總總司令的權柄後，更是心有忐忑，傅作義大大小小每個戰役戰鬥都要戰地視察官督查，過後都要華北的戰地視察官羅奇中將親自到戰地核查，並拍發秘密視察報告給蔣介石，蔣介石將傅作義的電報和羅奇電報擺在一起核對過內容和數字後才放心。

在臺灣・國史館檔案中，傅作義的重要電報後都附有羅奇秘密電報，印證傅作義電報的真實性。

羅奇的莊町戰役電報證實了三個方面情況：

1. 傅作義部在這個戰役中全力以赴拼搏情況，

2. 傅作義部傷亡損失情況，

3.3 縱進攻莊町的傷亡損失情況。

羅奇的電報原文這麼說的：“南京蔣主席（2454 密表），查本月文（注；12 日）元（13 日）二日，35 軍在淶水解圍之戰，職於本銑（注；16 日）偕宋副總司令肯堂、李總司令文親至淶水莊町戰場實地視察。此次戰鬥經過，該軍新 32 師李師長銘鼎親在莊町第一線與匪軍第三縱隊主力血戰，反復衝殺達 33 小時之久，官兵英勇廝殺，異常猛烈，戰場屍體狼藉，一部官兵被炸藥燒焦，手足折斷，不能辨識，狀至慘烈，僅莊町一地我方官兵屍首即達 600 餘具，匪軍死於陣前者在 1 千以上，李師長身負重傷，英勇殉難。該師士氣慷慨激昂，戰鬥精神可歌可泣，擬請賜予褒揚，以慰英靈而彰勳烈。職羅奇子銑亥參印。”

這份珍貴電報真實地反映了莊町戰鬥情況，雙方損失，證實了傅作義所說所做與真實歷史相符合。

據戰後被俘虜的 9 旅 27 團擔架排排長靳小山口供，3 縱在 11 日和 12 日的戰鬥中，傷患和陣亡者屍體都由預先準備的擔架和大車後送的，戰鬥後期由於傷亡人員太多，撤退匆忙，遺棄大量屍體。

等到傅軍打掃戰場，羅奇等人戰後視察戰場，發現 3 縱在莊町遺留的屍體達 1 千多，加上 3 縱事先運走的陣亡者，3 縱在莊町之役陣亡高達 1 千數百人，應該注意的是，作為打掃戰場的勝利方統計的數字是相當準確的。3 縱在莊町總傷亡和前期戰鬥總損失超過 6000 多人是毫無疑問的。

實事求是的說，這是華北野的一個敗仗！

實際上華北野內部從未認為這是個勝仗，2、3 兩縱戰後在軍內都做了深刻的檢討和處罰，以上都有描述。傅部獨立 311 師師長孫英年將軍參加北平和平起義後，曾一度擔任集甯軍分區副司令。一次到醫院看望老鄉，正巧碰上華北野 3 縱 8 旅副政委張如三（3 縱 8 旅就是主攻莊町的野戰 8 旅），張是孫的綏遠同鄉，又是歸綏職校校友，孫是職校商科 2 期畢業，張是職校農科 4 期畢業，孫在起義幹部學習團學習時，張曾是學習團政委。幾層關係，相見分外親熱，兩人無話不談，當談到淶水戰役，孫問張："戰後我第一個趕到戰場，看到雙方輕重武器丟了一地，你們為什麼不清理帶走？"

張如三說："那仗我們沒打好，傷亡太大，匆忙的撤退，丟了不少武器，打了個消耗仗，回去都作了檢討。"我軍的消耗仗意味著什麼，也就是失利。

對於淶水戰役，聶榮臻都從來不想多講，在他的回憶錄上也和曾思玉回憶錄一樣，隻字不提淶水戰役，著重反復描寫過清風店、石家莊後，隨後一躍就跳到察南綏東戰役，因為聶老總清楚的很，這是個做了檢討的敗仗，我軍內部清楚，如果按照宣傳口徑講實在不妥，讓知情人無法接受，無法解釋為什麼如此大勝後，不佔領河北中心平津保，反而去進攻戰略價值很小的察南綏東去了。

可以理解，如果是個勝仗，各位老總的回憶錄一定會象清風店、石家莊一樣大段描寫、反復地講述，讀者如果注意這個重要細節，就會清楚事實真相了。

　　主攻莊町的 3 縱野戰 8 旅旅長宋玉琳對這個戰役更是再也不提，在他的回憶錄裏，長篇累牘的描寫完清風店、石家莊後，一下子就大躍進跳到 1948 年 6 月挺進冀東。聶老總也好，宋玉琳也好，都受黨的教育多年，一來黨的紀律規定不允許提失利戰役、戰鬥，二來失利戰役戰鬥影響個人和本部隊形象。因此不少回憶錄和很多軍戰史都是光榮史，不是歷史，史學價值有限。

　　正因為如此，找到這個規律，老人們的回憶錄也給淶水戰役作了巧妙的注解。從戰略上看，淶水戰役後，晉察冀野戰軍受到重大打擊後，已不再與傅軍主力在河北交戰，放棄了對平、津、保的爭奪。戰後足足修養整補了兩個半月後，才重新出動，轉而進攻戰略價值很小的偏僻、貧窮的察南、綏東，損失是重大的。

　　傅軍除了獲得戰術勝利外，無疑也是一個重大的戰略勝利！

　　淶水戰役，實際上就是晉察冀野戰軍主力 1、2、3 縱隊和傅作義主力 35 軍新 32 師、101 師、暫 17 師一個團所作的一次決戰，在騎兵第四師和暫三軍支援下，傅部最終獲勝。整個過程精彩紛呈，跌宕起伏，環環相扣，險象環生，扣人心弦，是華北戰場雙方主力的又一次關鍵大決戰！

　　晉察冀野戰軍從平津保三角地帶撤退後，傅軍從 1948 年 2 月 3 日到 28 日，出動主力 94 師、22 師、142 師和地方武裝共 25 個團對平津保三角地帶大清河北進行了長達 25 天的大規模的掃蕩圍攻，消滅晉察冀地方武裝、摧毀鄉村基層組織，鞏固了佔領區，牢牢地控制了平、津、保三角地帶。

　　黨史的講法是：雖然經過這次圍攻，敵人在大清河北地區的統治似乎有所加強，但也不過是垂死前的掙扎而已。

　　淶水戰役影響是非常深遠的，晉察冀野戰軍公開和私下多次表示怕和傅作義部隊作戰，連去空虛的沒有傅軍主力的察南、綏東都顧慮重重，這種思想情緒很快被毛澤東知道，毛澤東於 1948 年 2 月 23 日親自發電給聶肖（聶榮臻、肖克）、楊羅（楊得志、羅瑞卿），批評他們說："此次行動（察南、綏東戰役）是一年多來主力部隊第一次遠出行動。你們必須克服幹部中怕遠出，怕山地戰，怕到人稀糧少地區作戰，以及怕傅作義等項錯誤思想。"（《中國人民解放軍戰史資料選編》157 頁。）

明確指出淶水戰役後晉察冀野戰軍存在的實際思想狀況。毫無疑問，淶水戰役，傅軍獲得了巨大的戰略和戰術勝利，但是也付出了從來未有過大的代價，3000 多人的損失。為什麼說是從來未有過的大代價，因為從內戰開始以來，第 35 軍、包括新 32 師都是百戰百勝，以新 32 師而言，歷經大小上百個戰鬥，從綏遠八裏莊、集甯城外查汗營到駱駝脖、張家口戰役、興和、柴溝堡、懷安、天鎮、陽原、桑乾河小渡口、正全戰鬥、掃蕩冀中、閃擊昌平陽坊鎮戰鬥中屢屢獲勝，損失都很小，戰果都很大。每次都以極小代價獲得了極大的成功，每次勝利損失從來沒有超過千人以上，相比之下，這次戰役代價是大了。但從結果看，仍然不失為一個重大的戰術和戰略上的勝利。

就如太原戰役，解放軍雖然付出重大代價，傷亡 4,5 萬人，但卻控制山西全省，沒人能否定這個重大勝利。

又比如孟良崮戰役，解放軍也付出重大代價，傷亡 1,2 萬人，但是對整個內戰都有重大影響，沒人能否定這個重大的戰役和戰略的勝利。

此戰中第 35 軍軍長魯英麟自殺、師長李銘鼎和許多骨幹陣亡是傅部的重大損失。

李銘鼎是在激戰中被對方機槍打死的，在野戰中打死傅軍師長實屬不易，畢竟這是常勝軍傅軍，不是蔣系中央軍。

魯英麟為什麼會自殺呢？主要原因就是因為一時丟了二門榴彈炮，以下資料明確證明這一點：

1.暫 17 師 3 團長劉堅一回憶寫道：＂（1 縱 1 旅）歧溝戰鬥是失利的，旅部本身受些損失，並使瀕臨被殲滅的 35 軍軍部及直屬炮兵營又逃回高碑店。35 軍屬美式 105 榴彈炮營是 9 月 14 日上午在魯英麟自殺後不久又回到高碑店軍部。據說有的軍官和其營長半開玩笑說：＂你們早回來一個小時，魯軍長就不會自殺了。＂

2.魯英麟的夫人魯劉玉幼在紀念魯英麟的回憶文章《由他的生來說他的死》一文中寫到：＂105 炮是他最重視的武器，常聽他說；他愛這炮，因為來得不易，同時會用這炮的人也是經過艱辛的訓練的，他捨不得用這武器。105 炮上戰場常是加重了他的負擔，說不帶走不行，弄丟了又怕增強了敵人的力量，武器在他眼裏比房院、田園、金條、鑽石還要寶貴萬倍。他常說：軍人的理想要寄託在武器上……，今天在戡亂的戰場上武器有了損失，他怎能不心疼，他怎能撇得下、想得開，但是我決沒料到他竟然以不能再得的損失來賠償那可能再得的損失，以自己的生命來補償國家的武器－這個實現軍人理想的具體代表。＂

綏遠是個窮地方，傅軍是個窮部隊，窮慣了，窮怕了，搞點武器裝備不容易，全軍總共只有 4 門 105 榴彈炮，丟了榴彈炮像是丟了命根子，心裏上無法承受，魯英麟因為丟了炮竟然自殺讓中央軍聽起來是不可思議的。

空軍副總司令王叔銘在他的日記裏也證明魯英麟自殺是不瞭解前線實際情況，他在 1 月 14 日和 16 日日記裏分別有記載，內容如下：

"1948 年 1 月 14 日星期三

我軍 35 軍在淶水之西與匪作激烈戰爭，李師長銘鼎受傷自殺，魯軍長因不明前線之情況，以為損兵折將太甚,乃自戕殉職，悲壯之至。

1948 年 1 月 16 日星期五

下午至西部剿匪總部訪慰傅總司令，據稱，魯軍長以不明前線情況，在高碑店自殺，事實上，此次我陸空軍殲滅土匪在四萬人左右，陸空聯絡台及重炮等均未遺失。"

當然他的自殺還有些其他因素，如部隊損失大，付出從未有過的大代價，師長兼垣曲同鄉李銘鼎陣亡等等綜合因素。

傅部幹部損失大是淶水戰役晉察冀野戰軍的重要收穫，傅部損失幹部總計有：第 35 軍軍長魯英麟自殺，新 32 師師長李銘鼎陣亡，96 團長安立道陣亡，94 團團長段吉祥重傷，新 32 師 94、96 兩個團營級幹部傷亡殆盡，騎四師 11 團副團長張殿魁陣亡。幹部是部隊的靈魂，損失那麼嚴重，自然是大損失。

傅部第 35 軍武器裝備也有相當損失，總計損失、損壞步槍 450 餘枝，輕重機槍 40 餘挺，迫擊炮 4 門，山炮 5、6 門，配屬 35 軍的輜汽 22 團損壞道奇 T234 卡車 26 輛。

1948 年 1 月 12 日、13 日對傅作義說來是特殊的日子，因為這是他出任華北剿總總司令以後的首度大決戰的日子，這個大決戰主戰場在河北淶水，輔戰場在平北延慶南灣。因為淶水戰役的勝利而沖淡了人們對另一場勝利，即平北南灣戰鬥的注意，暫 11 師和暫 17 師 1 團在 12、13 日南灣戰鬥中取得很大戰果，給獨立 2 師和平北獨立團、察東獨立團造成數千人的大損失，獨立 2 師參謀長吳迪也在此戰中戰死，第 5 團團長李洪元受重傷。

晉察冀野戰軍是善於從戰爭中學習的部隊，淶水戰役後，野司楊羅楊耿專門寫過一篇戰後總結，記載在《晉察冀司令部陣中日記》中，深刻總結了經驗教訓，研究傅軍戰術特點和部隊情況，題目為《此次傅匪作戰特點》，共分為 11 條經驗教訓，彙報給中央軍委。

僅舉其中幾條如下：

1.戰役組織上，用兵穩重，采分進合擊齊頭並進，且有重點配置，步步為營。情況不明時，不冒進，不戀戰。既經發現我軍，則采多路推進，迂回包抄。…

2.快速輕裝，進退靈活，通訊聯絡好，指揮高度機動。…

3.拂曉前開始行動，黃昏宿營。宿營前以小部隊與我接觸，使我不易發覺其主力位置。…

4.步炮協同好，炮火一停，步兵即沖到我陣地前沿。一經被我擊退，則又重新組織，連續衝鋒七、八次，並高度發揮騎兵的作用。在側翼均以一定數量騎兵擔任迂回包抄，我之攻擊部隊吃過虧。…

5.………

該報告非常實事求是，對傅部技戰術先進，士氣旺盛都有詳細描寫。

淶水戰役給晉察冀野戰軍造成很大的損失，所產生的後果是很重大的，國民政府派駐華北的戰地視察組第 4 組組長羅奇清楚地看到這是個極為難得的機會，他於 1948 年 2 月 8 日發給蔣介石電報，闡述了他"對淶滿戰役後河北戰場之所見與建議"。他在這份電報中說到：

"淶滿戰役告一段落，國軍在河北戰場之地位從無如今日之優越，匪軍戰鬥力僅（約）剩三個縱隊，我不難形成一倍以上之優勢。

一、匪軍兵力及戰後之動態

1.淶滿戰役匪軍使用之兵力，計有 1、2、3、4、6 各野戰縱隊及新 4 旅。

2.淶滿戰役匪軍之損失估計，根據各部隊報告及職在各作戰區之視察，以及訊詢俘匪與民眾各方面之證實，總計匪各野戰縱隊實力損失幾達五分之二。

二、國軍現有之實力。（略）

三、建議：追尋匪軍主力，強（迫）之決戰。

四、結論，淶滿戰役後匪軍之實際損失慘重，為我軍追殲之良機。如輕輕放過，以匪軍補充之迅速，則時間固利於匪而不利於我。"

羅奇對河北戰場由於淶水戰役後傅部形成的優勢的看法當然是正確的。他的追尋決戰的建議則是一廂情願的想像，晉察冀野戰軍不會在新敗之時主動求戰，傅軍不可能尋找到戰機。

淶水戰役所創造的戰場絕對優勢的良機是顯而易見的，只是傅作義沒有也無法有效利用，因此戰果也沒有繼續擴大。

但是羅奇對晉察冀野戰軍的損失估計基本還是靠譜的，4 縱因為損失近萬退出戰場，莊町會戰 1、2、3 縱損失又是 1 萬多，6 縱損失數百人，戰場損失共兩萬多人。

外加被俘和戰後逃亡，損失還要再加。

晉察冀野戰軍 2、3、4 縱隊比較充實，都在 3 萬左右，1 和 6 縱都是 1 萬多人，5 個縱隊共 11 萬多。羅奇統計華北野損失五分之二還是較為準確的。

淶水戰役後，傅部牢牢地控制了平津保三角地帶，即河北戰場中心，掌握了河北戰場主動權。華北戰場的戰爭重心從此不在華北中心河北平津保，晉察冀野戰軍開始遊移轉戰于察南綏東、熱河、平北、冀東等華北邊緣地帶，喪失了戰場主動權，對華北的戰局影響是極大的。

作战地图：

淶水战役详图
1948年1月13日

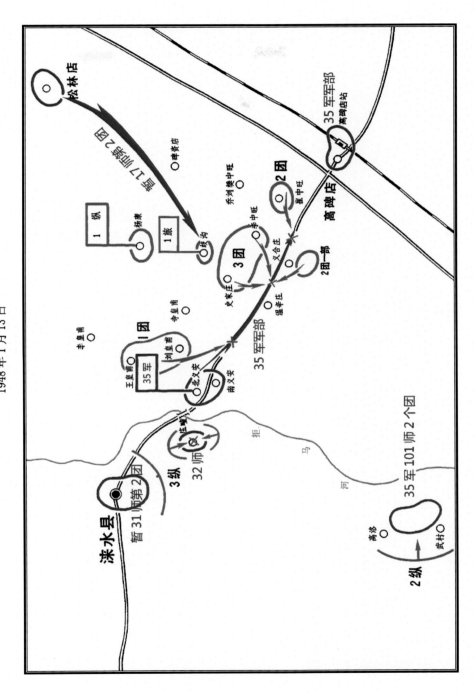

雙方戰鬥序列

國軍方面：

35 軍，軍長魯英麟

101 師，師長郭景雲

新 32 師，師長李銘鼎

暫 17 師，師長朱大純

第 2 團，團長王裕民

騎 4 師，師長劉春芳

解放軍方面：

第 1 縱隊，司令員唐延傑

　　　　政委王平

第 1 旅，旅長曾美

　　　　政委丁萊夫

第 2 旅，旅長成少甫

　　　　政委鐘炳昌

第 3 旅，旅長馬輝

　　　　政委黃連秋

第 2 縱隊，司令員陳正湘

　　　　政委李志民

第 4 旅，旅長肖應棠

　　　　政委龍道權

第 5 旅，旅長馬龍

政委李水清

第 6 旅，旅長盛治華

政委鐘華農

第 3 縱隊，司令員鄭維山

政委胡耀邦

第 7 旅，旅長易耀彩

政委漆遠渥

第 8 旅，旅長宋玉琳

政委黃文明

第 9 旅，旅長陳仿仁

政委蔡順禮

主要參考資料

1. 臺灣・國史館檔案

2. 國軍空軍副總司令《王叔銘日記》

3. 35 軍暫 17 師團長劉堅一回憶文章《傅作義部暫 17 師及其軍事行動》

4. 晉察冀野戰軍《第 2 縱縱隊淶水戰役總結》

5. 晉察冀野戰軍《第 3 縱隊淶水戰役總結》

6. 鄭維山回憶錄《從華北到西北》解放軍出版社 1985 年版

7. 許恩榮（晉察冀野戰軍 1 縱 1 旅通信科長）回憶錄《征途》內蒙古
   文化出版社 1998 年版

8. 《64 軍軍、戰史（所有版本）》

9. 《聶榮臻回憶錄》解放軍出版社 1986 年版

10. 《2004 年 11 月，2006 年 6 月傅軍少將孫英年採訪記錄》

11.《內蒙古文史資料第 9 輯》內蒙古文史資料委員會

12.《保定文史資料第 5 輯》

13.《河北文史集萃》（軍事卷）河北人民出版社

14.《中國人民解放軍步兵 189 師第三次國內革命戰爭戰史》步兵 189
　　師師史辦公室　1995 年版

15.《傅長官講話》

16.《63 軍軍戰史（所有版本）》

17.《中國人民解放軍晉察冀軍區北嶽軍區第三次國內革命戰爭戰史》

18.《2006 年 6 月傅軍將領田綏民採訪記錄》

19.《中國人民解放軍第 66 軍解放戰爭戰史》

20.《中國人民解放軍步兵第 196 師師史》中國人民解放軍步兵第 196
　　師編印　1996 年版

21.《中國人民解放軍步兵 199 師師史》黃河出版社　1999 年版

22.《中國人民解放軍陸軍第 67 軍軍史》中國人民解放軍陸軍第 67 軍
　　編印　　1984 年版

23.《戰例薈萃》中國人民解放軍天津警備區戰史編寫組　1989 年版

24.《晉察冀摘報本》

25.《晉察冀軍區司令部陣中日記》

26.《全國解放戰爭史》軍事科學出版社　1997 年版

傅作義部著名戰役

冀中穿心戰

在經過綏遠、大同集寧，張家口三大戰役之後，傅作義充分地顯示了他非凡的軍事才能，蔣介石從此對傅作義刮目相看。傅作義部在內戰中經歷有大大小小數千個戰役戰鬥，形式多樣化，並不千篇一律。綏遠戰役是快速收縮堅城，以防守反擊為主；大同集寧是圍魏救趙進攻戰的典型；張家口戰役則是聲東擊西，長途奔襲進攻的戰例，淶水戰役則是雙方主力大決戰。其更為特殊的戰例還有孤軍深入對方腹地，遠端奇襲的穿心戰，也就是內戰中傅軍最著名的"冀中穿心戰"。

為了更有效控制華北戰場，1947 年 12 月 2 日，國府撤銷張垣、保定兩綏署，成立"華北剿匪總司令部"，傅作義出任總司令，統一指揮山西、河北、察哈爾，熱河、綏遠及天津、北平 5 省 2 市軍事。蔣介石並有讓傅兼任東北剿匪總司令之意圖。

傅作義上任後，確實準備大幹一場，他改變作戰方針，針對對方集中優勢兵力打殲滅戰戰法，他以地方部隊守備，協同主力部隊作戰，而將主力部隊集中于戰略要點和交通線上，實行以主力對主力，以運動戰對運動戰機動戰法，提倡集中優勢兵力，進行戰術包圍，逐步消滅對方主力，不提倡戰略包圍。

涿水戰役後，傅軍控制了平津保中心地帶，掌握了戰略主動權。

傅部主力集中在平津保三角地帶，以及平漢、平綏、北寧等鐵路沿線，運用鐵路、公路的便利運兵作戰，再加上察綏騎兵原有的的機動優勢，使晉察冀野戰軍感到非常棘手，難以在河北尋找機會。

這種情況下，軍委指示晉察冀野戰軍打到傅軍的老巢，綏遠和察哈爾去，迫使傅軍主力回援，放棄或放鬆對河北的控制，在寬大機動地運動中創造出戰機來，爭取機會，晉察冀野戰軍因此決定以主力發動察南、綏東戰役。

並於 1948 年 3 月 9 日作出部署：

冀中縱隊 7 個團于平漢、保定、安新、容城地區配合主力部隊作戰，冀中 8 分區配合渤海一個團於 18 日晚積極向天津南及津浦路北段動作，其他地方部隊都出動配合。

根據以上這個部署，冀中根據地野戰部隊傾巢出動，根據地和城市裏不留任何主力做守備部隊，只剩下分區獨立營、各縣大隊、新兵連營和民兵，變成名副其實的空心地帶。解放軍做出這樣的安排，就是認為對方沒有這個膽量孤軍深入根據地，如果有一支奇兵這時突然殺到，根據地因為空心是無法抵擋的，進來的如是機動性極強的騎兵部隊，那就更加無法防守了。

1948 年 3 月 20、21 日，晉察冀野戰軍 1、2、3、4、6 縱共 5 個主力縱隊，開始了大規模的察南、綏東戰役，遠離根據地，深入察綏兩省，但是戰果甚微，只是佔領一些荒涼的地盤，消滅一些地方部隊，自己糧食彈藥等後勤補給發生很大困難。

面對晉察冀野戰軍對自己後方的進攻，傅作義不慌不忙，採用空室清野戰術應對，逼得對方無法在察綏立足，同時將部隊集中在張家口、柴溝堡附近，目的是壓迫晉察冀野戰軍部隊向荒無人煙的沙漠發展，或是逼迫其出來和傅軍主力決戰，如其繼續呆在察南、綏東不做決戰，長期在荒漠人煙稀少地區則會被拖死、餓死、困死。

與此同時，針對晉察冀野戰軍襲擊其後方，傅作義也針鋒相對作出安排，採用"你到我家來，我到你家去"的對進襲擾戰術，這就是傅作義不為人所知又獨具特色的"冀中穿心戰"。

傅作義這個計畫深得兵家用兵之道，兩軍正面交鋒，派出精兵一支，出擊其後方，斷其糧草，亂其軍心。

如上一篇《淶水戰役》一文所說，傅作義控制華北實行運動戰靠兩張王牌，就是汽車和騎兵，這次突襲冀中，靠的就是騎兵。

突襲冀中用騎兵而不用汽車兵，也不像香河戰役那樣聯合運用汽車兵和騎兵，傅作義是經過長期周密考慮的，因為冀中地區道路交通差，汽車難以通行，冀中地區是解放區根據地，沒有加油地點和油料供應，汽車目標大，不適用汽車兵。

而騎兵則不需要油料，相反可以適應各種地形，穿越鄉間小路和田間小道，行動快速便捷，出敵不意進行突襲，特別適合敵佔區軍事行動。

1948 年 4 月 5 日，傅作義秘密車運鄂友三整編騎兵 12 旅到天津靜海縣集結，準備突然襲擊華北平原上晉察冀根據地最大的解放區，冀中根據地。臨行前，傅作義召見鄂友三，鄂那時剛剛治好盲腸炎出了醫院，傅對他說："平綏線正熱鬧，你不妨走個冷門。"還向他打包票說："我保險你這一次去一定成功，可謂馬到成功。"

傅作義對鄂友三交代得很清楚，此行目的不是佔領地方，也不是消滅其主力。這回在冀中作戰的目的，不只在一城一鎮之取得，最緊要的是破壞晉察冀軍區軍事設施，燒其糧草，炸毀其兵工廠、軍火庫、倉庫，襲擊其後方機關，以摧毀對方補給線，因為這樣一來，可使對方因限於困窮饑窘而不戰自敗，而擾亂其軍心，吸引其從察綏回轉。

接到華北剿總命令後，鄂友三在旅部召開了一次連長以上的軍官會議。會上，鄂友三宣佈了剿總的命令，然後又講述了三國時期吳國大將甘甯百騎劫魏軍營寨的故事，鼓動全軍士氣，說這次行動，就是要像甘甯一樣，橫馳平原，馬踏河間。並說如這次偷襲成功，將進一步偷襲石家莊。

會後整騎 12 旅作戰科長（代理參謀長）杜海榮下達命令：兵分兩路，齊頭並進，整 12 旅走東路，沿津浦鐵路南下；陳秉義騎兵總隊走西路，沿子牙河西岸南下，兩部在大城會合，隨後直奔河間。

旅部幹部會議後，各團又召開全體官兵大會，在李存英召開的所屬 23 團大會上，加強給該團的騎 12 旅獨立營營長馬英首先發言，代表全體官兵宣誓：絕對服從命令，不怕犧牲，克服困難，堅決完成任務。

顯示出整騎 12 旅全軍士氣很高，決心很大。

接著華北剿總技術總隊總隊長杜長城在會上發言，杜自稱是鄂旅長學生和同鄉，決心完成爆破任務等等。

但是鄂友三知道自己人馬單薄，深入根據地中心，風險很大，只有出奇兵才有勝算。

為了混亂視線，他決定用聲東擊西戰術引開對方注意力。4 月 9 日，鄂友三派了 300 多名騎兵按計劃順津浦鐵路進攻青縣，虛晃一槍，吸引對方主力過去，當晚就撤退。4 月 11 日-13 日，另派一支人馬到滄縣，把冀中軍區部隊吸引到那裏，計算一下時間，對方差不多集中了，立刻又把軍隊調回陳官屯，再渡運河占王口鎮，又渡子牙河，占子牙鎮等。冀中軍區在滄縣中了空城計，來不及回師北上。

這時，鄂友三覺得是時候了，騎上了他的坐騎"小白龍"，率領了2千多官兵們上路，鄂對官兵們高喊著："踏上征途，"從靜海出發直奔大城縣。

冀中是晉察冀野戰軍在華北最重要根據地，魚米之鄉，物產豐富，人口密集，商業發達，經濟繁榮，兵工生產頗具規模。地處平津保戰略要衝，從兵源上、糧源上、經濟上有力地支援了華北解放戰爭。冀中軍區所在地就在河間縣黑馬張莊，冀中區黨委機關駐村西頭，軍區機關駐村東頭，控制冀中全局。1947年11月間，解放軍朱德總司令就曾經住在黑馬張莊，指揮石家莊戰役。

傳作義早就瞄上這塊戰略要地了。

傳部出擊部隊以鄂友三整編騎兵第12旅為主力，旅長鄂友三為總指揮，率領騎兵第2總隊，總隊長陳秉義，配屬國防部華北技術總隊的爆炸工作大隊，李子興新聞宣傳隊，組成突襲隊，並將突襲隊命名為"救民先鋒隊"。總兵力為2000多人。具體分工為，鄂友三和陳秉義騎兵負責軍事，擊破沿途地方部隊阻擊，消滅當地駐軍；杜長城爆炸大隊負責破壞，炸毀兵工廠、軍火倉庫及其他各類工廠、機關設備、糧庫；李子興新聞宣傳隊負責宣傳鼓動，沿路向人民宣傳，收集新聞，拍攝照片發回天津。

這次"冀中穿心戰"之所以非常成功，騎兵和爆破工作隊兩個特種兵種首次聯合作戰是取勝的關鍵，除了整騎12旅騎兵機動能力超強外，杜長城所率領的爆炸工作大隊也起了很關鍵的作用。傳作義善於運用特種兵，如他對汽車、騎兵和駱駝兵等部隊的成功使用均顯示出了他非凡的才能和眼光。

就任華北剿總總司令後，他知道杜長城技術總隊的特殊爆破作用，特意把杜長城從東北調到華北，成立了"華北剿總技術總隊"，由少將（掛名，實際未升任）杜長城任總隊長，從此杜長城成了傅作義的直接部下。杜長城率領的這支軍統特別行動隊，隊員都是軍統特工人員，經過嚴格的專業爆破訓練，裝備精良，人員精幹。

杜長城此人是個傳奇人物，祖籍山西，出生在綏遠包頭市，是蘭訓班二期的學員，專長爆破，結訓後編為中尉爆破隊員，在東北戰場上擔任 71 軍督導組組長時，曾經救過陳明仁的命，三戰四平時，立下過重要戰功，揚名一時。

他是鄂友三的綏遠同鄉，在黃埔軍校又曾經做過鄂友三的學生，因為有這種關係，鄂友三指揮起來得心應手。這次奔襲冀中，傅作義特意把這支部隊配備給整騎 12 旅，這樣一來，整騎 12 旅才得以專心於軍事行動，整騎 12 旅每佔領一地，時間都很短暫，騎兵又非爆破專業人士，難以完成破壞任務，完全依賴杜長城專業爆炸工作大隊對所有目標進行大規模專業爆炸破壞，這樣所有目標都迅速予以徹底摧毀。

傅作義深知兵貴神速，用兵突然之重要，命令突襲部隊於 4 月 12 日從靜海秘密出發，渡運河到王口鎮，又渡子牙河，向冀中大城縣進攻，一路上突襲部隊如入無人之境，冀中軍區一無所知，毫無防備。整騎 12 旅於當天中午到達北迸莊，分區獨立營方才知道，聞訊後在夏英才營長指揮全營設防阻擊，其結果可想而知。傅部騎兵是令東野、晉察冀野戰軍都沒有什麼辦法對付的察綏勁旅，分區獨立營等民兵部隊更無法做任何有效抵抗。

軍事上有句俗話，步兵遇到騎兵，就像母雞碰到公雞一樣服帖。尤其在平原地帶，步兵碰騎兵更是死路一條，不是死，就是被俘。

冀中是河北大平原，毫無障礙可以依託。獨立營匆忙上陣，根本無法抵擋，結果可想而知，鄂發現正面有阻擊，即以十幾騎正面佯攻，主力分兩側快速進行包抄，騎兵沖來時，獨立營不知所措，二排槍打完，一眨眼功夫，騎兵從正面，兩側沖到眼前，營長夏英才當場戰死，獨立營死傷慘重，不死即降，全軍覆沒。

整騎12旅按預定計劃，並不逗留，繼續南進，攻佔了東子牙，進入大城境內。

大城民兵營正駐守在薛王文，另外，分區有一新兵連駐在田王文休整，得知敵人要來進犯的消息後，商定共同阻擊敵人，由民兵營正面阻擊，分區新兵連從側面襲擊。13日，武裝部長崔汝章帶領民兵營悄悄埋伏於次花村北，天剛亮，敵人便由北向南，直奔次花村方向而來，由於事先沒有掌握敵人的兵力情況，缺乏戰鬥經驗和軍事訓練的民兵營，在精悍的騎兵馬隊的快速進攻面前，更是無能為力，很多民兵傷亡，很快便撤下了陣地，敵人並未對民兵營窮追不捨，而是長驅直入，一路掃蕩次花、龍塚、七女、大裏北、張街、良村、宮村，而後沿津保公路向西，在任丘縣麻家塢宿營，與南趙扶過來的陳秉義騎2總隊匯合，準備第二天行動。

整騎12旅孤軍"長途奔襲"，惟恐晉察冀野戰軍正規部隊趕回，一路上推進神速，充分發揮草原輕騎特點，在大城境內沒有造成特別重大破壞。但沿途襲擊地方武裝、地方政府，在張街村，傅軍抓捕了黃恩亭、呂蘭濤、郭維新、張保友等4名區幹部，其中有人向傅軍繳械投降，李子興新聞宣傳隊及時拍下照片，送回天津，在報紙上發表，造成極為惡劣的政治影響，大城縣委事後對此進行了嚴肅處理。

4月14日，騎2總隊順子牙河南下，先在南趙扶輕鬆擊破8分區司令員率領的警衛營和兩個民兵團的阻擊，打死警衛營副營長後，並不逗留，立刻按計劃轉向馳往任丘方向，14日晚到達麻家塢與整騎12旅匯合，當晚鄂友三和陳秉義商量好了第二天行動計畫，按原計劃分兵兩路突襲，最後在河間匯合一起撤退。

　　4月15日，鄂友三兵分兩路，自己率整騎12旅直奔河間，命令陳秉義率騎2總隊進攻任丘縣城，杜長城率大部人員跟隨鄂友三前往河間，留部分人員隨騎2總隊前往任丘爆破。

　　陳秉義率騎2總隊於15日清晨時分沖進任丘縣城，如入無人之境直沖入縣政府，進到縣長寢室，床上的被子還是亂七八糟的，縣長大約剛過新婚，床上的被子簇新，縣長夫人倉惶出走，縣長被俘虜。

　　陳秉義部在任丘孟莊發現任丘冀中軍區8分區總糧台一所，繳獲倉庫內全部糧食，內有小麥300餘噸、大米8000餘噸、雜糧200餘噸、麵粉一萬多袋，當場分發給前來歡迎的當地人民。另外還燒毀30萬公斤糧食。

　　騎2總隊、杜長城爆炸大隊如入無人之境，在任丘縣橫衝直撞，大規模破壞冀中根據地軍用設施。

　　杜長城的技術總隊在任丘共炸毀3個兵工修理所，內有大小槍支2千余支，燒毀任丘被服廠，布庫，縣府合作社，邊區銀行任丘分行，動力酒精製造廠，運輸大隊。

　　4月15日淩晨，騎12旅偽裝成解放軍，騙路過的民兵帶路到河間去，從任丘麻塢村出發，經過半截河，向此行最重要目標冀中軍區所在地，河間縣城快速發起進攻。

　　進到河間縣城週邊時，12旅切斷電話線，冒充我軍與河間解放軍總機聯繫，問："國民黨騎兵進犯河間，你們作好準備了嗎？"電話兵回答："已派部隊在北關阻擊。"

　　實際在北關阻擊的部隊也僅僅是河間縣大隊600多人，在得到這個消息後，騎12旅一部留在正面，分兵一部繞道從東關突然地順利攻進縣城，從阻擊部隊後面猛擊阻擊部隊，然後兩路夾攻縣大隊，激戰兩個多小時，面對鄂部精銳鐵騎，縣大隊毫無還手能力，遭受重創，現場遺屍 200 多具，殘部向西南潰逃。整騎 12 旅並不戀戰追趕，而是直接沖進河間縣城，往來衝突，如入無人之境，杜長城爆炸工作大隊則破壞爆破工廠、倉庫、商店、機關等各種設施，隨後不停留地殺向冀中軍區所在地，黑馬張莊。

河間是冀中解放區首府，冀中的軍事、政治、工業、商業中心，工商業十分發達，自從冀中軍區黨政軍群領導機關遷來後和河間市的建立，促使河間工商業更進一步發展，其中新華麵粉廠日產麵粉 700 袋，制鞋廠發展到 19 家，各種其他大型工廠齊全，街道手工業作坊還有數百個，各種商店琳琅滿目，醫院、診所、戲院應有盡有，每逢演戲，觀眾如潮，河間城內車水馬龍，繁華一時。

整騎 12 旅進入河間後，簡直是公牛進了瓷器店，橫衝直撞，每分鐘都造成重大破壞。

總隊長杜長城本就是一個兇悍之徒，長於爆破，這次更是殺心大起，指揮技術總隊的爆破隊員，沖進沖出，在工廠、倉庫、合作社、銀行、兵營和冀中軍區指揮機關到處埋設炸藥，進行爆破，霎時硝煙四起，火光沖天。

整騎 12 旅於城裏、外進行了嚴密搜索，不放過任何軍事目標，共燒毀一座汽油庫，炸毀一個地雷製造廠、第 8 軍分區煙草總廠，燒毀冀中被服廠，廠內有棉軍衣 15 萬套，單軍衣 10 萬套。燒毀一個軍鞋廠和廠內 10 萬餘雙棉鞋，15 萬雙布鞋。炸毀廣播電臺一處，冀中軍區生產促進會總庫，晉察冀日報社全部器材，冀中軍分區幹部訓練團，中共中央黨校修械所 3 處，冀中軍區造紙廠。

在搜索中發現一大型軍火倉庫，內有各種炮彈萬餘發，各種槍支 5 千余支，地雷 1000 餘個，手榴彈 2 萬餘顆，全部被杜長城爆炸大隊炸毀。馬料 2 萬多擔被付之一炬，冀中軍區糧秣總庫 2 萬多噸糧食被繳獲後，當場分發給當地人民，前來領取糧食的人山人海，把道路都堵塞了。

河間和冀中軍區遭到徹底破壞，連司令部也遭到破壞，冀中軍區司令員孫毅做飯用的鍋也給砸了。

整騎 12 旅在河間搜索過程中，發現冀中軍區為毛澤東準備的佈置精緻臥房一套，鄂友三大為高興，留信一封給毛澤東，大意說：“來訪未晤，由汝等自誇銅牆鐵壁之老巢，今日已為國軍摧毀，今後將隨時來訪。”

整騎 12 旅臨撤退前，杜長城指揮爆炸重點目標完畢後，在河間城內多處重要地點裝置了“拉發、絆發”炸彈與多枚定時炸彈，每隔兩小時爆發一枚定時炸彈，可以連續炸一星期之久。

整騎 12 旅逼近冀中軍區所在地黑馬張莊時，軍區機關不得不暫行撤退。在整騎 12 旅進攻時，冀中軍區部隊全已調外線作戰，內部空虛，民兵和獨立營根本無法對付這個局面。傅軍佔領大城、任丘縣後，河間危險，冀中軍區危險！情況萬分緊急，冀中軍區領導焦急萬分，急電催調冀中軍區主力 7 縱回援，並急速向鄰近的渤海軍區求援，告訴他們鄂友三的騎兵旅正全力向我冀中軍區首腦機關猛撲過來，請渤海軍區迅速派部隊增援。

15 日河間被佔領後，冀中軍區決心調集部隊，堅決消滅整騎 12 旅，不讓他逃竄，以打擊其輕裝突襲根據地腹心之氣焰，命令 7 縱 19 旅當夜出發至保南截擊，星夜趕往根據地增援。

命令 7 縱 20 旅和 21 旅 1 團連夜追擊該敵，2 個旅追到呂公堡、長豐一帶撲空，冀中軍區馬上命令該部兼程追到臥佛堂截擊，又撲了空。

15 日那天知道整騎 12 旅破壞河間後東撤，冀中軍區才判斷清楚對方要撤退，即命令 8 分區部隊控制劉各莊橋。

並于 16 日 7 時電令 20 旅、21 旅控制裏坦，等對方過了沙河橋，配合渤海軍區部隊聚殲該敵於子牙河東岸。但是 20、21 兩旅領導輕信沙河橋已經被破壞，有民兵連阻擊，即把旅主力沿子牙河西岸往南壓下來，希望在沙河橋截住整 12 旅，只派一個團住裏坦鎮。但是還沒等 20、21 旅趕到沙河橋，整騎 12 旅早已渡過沙河橋，揚長而去。

4 月 16 日，冀中 60 團已經越過裏坦，趕到東西劉二莊。

整騎 12 旅越過沙河橋，經過裏坦鎮時，冀中軍區 60 團這麼一個步兵團根本不敢阻擊一個騎兵旅，所以雙方只是稍微接觸後，阻擊部隊立刻知難而退，鄂友三部順利撤退。

鄂友三知道自己在解放軍根據地的心臟，對方援兵很快就會趕來，他一點都不拖延，在杜長城指揮所部將重要工廠、設備、倉庫破壞完畢後立刻撤退，攻佔河間後，只在河間逗留了 5 個多小時，然後就直奔東南方向沙河橋而去。

整騎 12 旅出擊時，阻力並不大，只是沿途擊破一些輕微阻擊，但回程途中卻是驚心動魄，險象環生。當他們從河間出發回天津接近沙河橋時，有一個民兵連已經比他們提前趕到了，在橋上置放了炸藥，準備炸橋堵住鄂部，以便 7 縱主力有時間回來圍攻，當騎 12 旅準備過橋之前，民兵已經點著了炸藥的導火線，沖在前面的騎兵迅速地沖過去，在爆炸之前幾秒鐘將導火索撲滅，如果稍遲幾分鐘，便有全軍覆沒的危險。沙河橋沒有被炸掉，結果冀中 7 縱卻得到了相反的錯誤情報，以為沙河橋已經被破壞。

鄂友三騎兵得以迅速通過，埋伏的民兵見狀不敢攔阻。

渤海軍區接到冀中軍區緊急求援電報後，馬上命令渤海軍區 21 團立刻輕裝，只帶輕武器，經青縣、裏坦火速馳援河間。渤海軍區一分區司令員賈乾瑞親率分區機關和 20 團乘坐美造 T234 道奇卡車由駐地經滄州飛奔河間增援。

當渤海軍區主力 21 團接近裏坦時，遠遠看到整騎 12 旅正從沙河橋上搶渡子牙河，大部已經通過，當時 21 團離橋還有 1 公里多，大部分武器沒有達到有效射程，尤其是重武器沒有卸下做好發射準備。但是為了攔住鄂友三部，當即開火，吹響衝鋒號，對方發現危險，並不戀戰，餘部緊急過河，急速向西北方向撤退，步兵無法追上騎兵，只能眼睜睜看著騎兵遠揚絕塵而去。

21 團的幹部劉恩義戰後總結：“儘管我團以最快速度前進，但是從時間上差了半個小時，距離上差了一公里。”這真是萬分危險，整騎 12 旅能夠全師而歸非常僥倖，兵貴神速，時間決定勝負，高度機動快速的騎兵完成了這次高難度的穿心戰任務。

整騎 12 旅一路雖然未經大的戰鬥，但是人馬卻是極為勞頓，因為草原騎兵對冀中地理地形道路十分生疏，全靠當地百姓帶路，有時化裝成解放軍請民兵帶路，才能一路過關。突襲冀中的 5 天，天天都是春雨綿綿，人馬被淋得焦頭爛額，不得安寧。這五天沒有睡過覺，白天要打仗，晚上要提防夜襲，每人倚著馬兒，扛著槍，似眠非眠得迷糊一會兒，就算睡覺。

順利突破所有阻擊後，整騎 12 旅繞過裏坦迅速地直奔唐官屯，於 17 日拂曉到達唐官屯，然後返回天津。21 日鄂部從天津返回北平，鄂友三、陳秉義和杜長城等人在北平火車站受到黨政軍各界極其隆重的歡迎，綏遠旅平同鄉會當天中午舉行盛大公宴為他們慶功。

（冀中穿心戰後，回到天津後 4 人合影

照片從左到右：陳秉義、李存英、鄂友三、杜長城。）

晉察冀野戰軍在外線立足不住，後方根據地機關又受襲擊情況下，不得不將主力回轉。

冀中軍區司令員孫毅為此受到毛澤東批評，1948 年 8 月中旬，毛澤東在西柏坡接見孫毅時，批評說："今年春天，國民黨軍隊鄂友三騎兵旅奔襲冀中河間，聽說你們受了損失，把你這個司令員做飯用的鍋都砸了。這說明你們警惕性不高，對敵情報掌握得不准，不細。"孫毅回答："主席批評得對，我們已經總結了這場戰鬥中的經驗教訓。"

冀中穿心戰後，冀中軍區痛定思痛，總結失敗的經驗教訓，深感騎兵機動性太強，難於對付。朱德總司令遂于 24 日特意致函冀中軍區司令員孫毅，指導他們具體對付騎兵之辦法，朱德指出："用步兵追騎兵不可用，亦不可能，只能打埋伏，突然以火力襲之。""用民兵守據點、坑道口，作單個打冷槍或架好機槍在坑道口突然襲擊。"

傅作義一手策劃的這次冀中穿心戰，戰果比國軍大兵團進行重大戰鬥收穫還大。傅軍一支孤軍遠道奔襲冀中根據地腹地，開創了內戰史上前所未有大膽遠程奔襲先例。

冀中穿心戰非常成功，此次穿心戰傅軍在自身幾乎沒有損失的情況下勝利返回天津，轟動一時，嚴重地破壞了晉察冀野戰軍的後方，達到其戰略目的，而給冀中軍區造成極大損失，獲得重大成功。

具體戰果如下：

大小戰鬥七次，俘地方武裝 132，打死打傷地方武裝 1 千多人，擊潰冀中第八軍分區 63 團，各個縣縣大隊、民兵團，消滅分區警衛營、獨立營、新兵連。繳獲並分發給民眾小棗 2 萬餘噸，大米 1 萬 3 千餘噸，麵粉 2 萬餘袋，雜糧 2 萬餘噸。炸毀煤氣瓦斯廠一座，炸毀兵工製造工廠 14 個、軍需設備倉庫 15 個。燒毀被服廠 3 個，內有棉單軍衣 25 萬套、棉單軍鞋 25 萬雙，酒精汽油廠一個，馬料 1200 擔，銷毀地雷 1 千餘個，炮彈 1 萬餘個，手榴彈 2 萬多顆，步槍 5700 多枝，棉布 120 餘匹。徹底破壞了冀中軍區司令部、糧秣總庫、棉布倉庫、軍械倉庫、汽油庫、經過的各縣政府、廣播電臺、邊區銀行、商場、書店、麵粉公司、聯絡處、合作社、晉察冀日報社、軍區幹部訓練學校、冀中參謀訓練團。

當時在全國戰場上，國軍已經轉入戰略防禦，呈被動態勢。

某國府高官乘飛機在空中視察時，看到傅軍這支騎兵部隊馳騁解放軍老根據地冀中腹地，馬踏炮手，東沖西突，如入無人之地，極為驚奇欣賞。傅作義敢於派鄂友三以一支孤軍深入解放區根據地腹地，一舉成功，獲得輝煌戰果，是內戰開戰以來的一次奇跡，傅作義和鄂友三因此名震全國。

受到冀中穿心戰巨大成功的鼓舞，傅作義數月後又指揮大軍進行了冀東穿心戰，再次獲得很大成功。

鑒於鄂友三執行"冀中穿心戰"戰功巨大，戰後傅作義決定將其提升為少將以資獎勵，1948 年 5 月 11 日，傅作義發電報給蔣介石，申請晉升鄂友三為少將，電報稱："該員指揮有方，行動迅速，痛殲頑匪，功績卓著，擬請按國防部第 0860 號代電第一項之規定，特准該員少將旅長任職。"

冀中穿心戰所有參戰人員均獲得國府獎勵，1948 年 10 月 7 日，鄂友三獲頒四等雲麾勳章。

騎兵第 2 總隊總隊長陳秉義和華北剿總技術總隊總隊長杜長城也獲得五等雲麾勳章。

冀中軍區事後總結整騎 12 旅奔襲特點和突擊成功原因：

一，長途快速，一夜行軍百餘裏；二是偽裝我軍，到村不使人害怕，甚至矇騙民兵為其帶路，深入到河間境內，才被發覺是敵人；三，是輕裝快速行軍，使我方難以應付。

相比之下，國軍正規軍戰術相當笨拙，往往只能進行正面陣地爭奪戰，收穫小，損失大。如 1946 年 5 月 21 日-30 日，國軍特殊裝備的嫡系主力 94 軍 121 師及保安隊，在飛機坦克掩護下，曾對冀中根據地門戶 —— 勝芳，發動大規模猛攻，結果損兵折將 1500 餘人，被擊毀坦克三輛，一無所獲，狼狽退走，兩者比較，實在有天壤之別。

傅作義用兵靈活機動，奇招迭出，而鄂友三整騎 12 旅，只是奉命行事，在冀中根據地燒、砸、爆破，無所顧忌，大肆破壞，順利完成了傅作義交代的任務。但給毛澤東和軍委留下極壞印象。鄂友三後來又充當突襲石家莊、西柏坡的主力，一馬當先沖在最前面，給我黨中央帶來很大的危害，在我黨我軍歷史上欠債太多，最後難逃一劫。

因為上述種種原因，鄂友三雖然在綏遠參加九一九和平起義，也未得善終。1950年11月25日華北軍區司令召集綏遠軍區各軍、師、旅長到北京開會，總結部隊改造工作通過兩項決議，第二項決議史稱"北京決議"。

第二個決議內容就是以暗通國民黨罪，當場逮捕劉萬春、張樸、鄂友三等。劉萬春等經傅作義營救送進戰犯改造所，傅作義找總理說情，傅作義提到當初講好的："既往不咎，不能食言。"

鄂友三經傅作義營救，暫時保住了性命，但還是被永久關押，1958年3月於北京監獄病逝。

傅部認為：這次冀中穿心戰，經過的戰爭次數並不太多，對方傷亡的人數也不太多，但在戰略價值上說，可以和集寧會戰和淶水戰役同列，如果對這次的戰役勝利必要有一個名字的話，便應該叫作"不流血的勝利"。

傅部內戰中有三大戰役最重要，一為綏遠戰役，隨後控制了綏遠省；二為集寧會戰，戰後控制了察哈爾省；三為淶水戰役，戰役結果控制了平津保三角地帶，也就是控制了河北。

而傅部把冀中穿心戰列為與後二戰役同等重要，把它提升到相當高的高度，其重要性可見一斑。

作戰地圖：

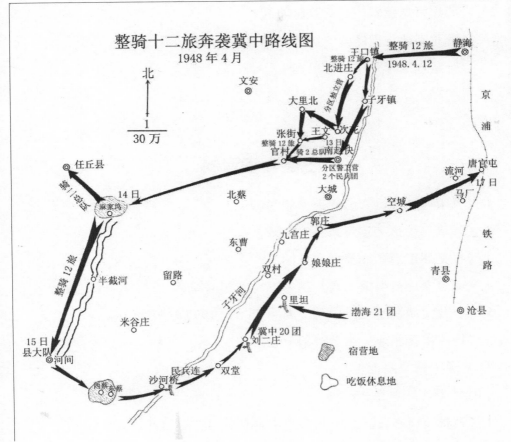

整骑十二旅奔袭冀中路线图
1948 年 4 月

傅部戰鬥序列

整編騎兵第 12 旅，旅長鄂友三

代理參謀長，杜海榮

23 團，團長李存英

24 團，團長郭棠

旅獨立營，營長馬英

騎兵第二總隊，總隊長陳秉義

華北剿總技術總隊，總隊長杜長城

新聞宣傳隊，隊長李子興。

主要參考資料

1.《冀中地區第三次國內革命戰爭戰史》

2.《傳軍將領孫英年將軍採訪記錄》

3.《晉察冀軍區司令部陣中日記》

4.《保定文史資料第 5 輯》趙書振《偷襲河間》

5.《中共大城縣歷史》中國文聯出版公司 1999 年版

6.《杜將軍長城傳》作者自創，未出版

7. 臺灣・國史館檔案

8.中共《河間地方史》

9.《戰時回憶和日記》中共保定市委黨史研究室 1997 年版

10.湖北省檔案館檔案。

11.《中共冀中八分區黨史大事記》（徵求意見稿）中共滄州地委黨史

   資料徵集編審委員會 1986 年版

12.《名將孫鬍子》解放軍出版社.1995 年版

13.《冀中大事記》（解放戰爭時期）冀中史編辦室 1994 年版

傅作義部著名戰役

平北山區逐鹿

　　1948 年 1 月淶水戰役之後，傅作義堅定地貫徹"以主力對主力，以集中對集中"戰略，不拘泥於一城一地的得失，靈活地運用了穿心、張網捕魚等戰術，在華北進行了多次戰役戰鬥，使華北形勢愈趨穩定。

　　華北野戰軍在傅作義主政華北後，軍事上在淶水戰役後逐漸趨向被動，土改中一些激進錯誤失去不少民心，困難和問題不少，正如共產黨的優秀領導，冀東行署主任張明遠同志在其回憶錄中總結說："樹敵過多，把自己陷於孤立的地位，群眾武裝起義（如遵化、平谷、遷安）。""（土改）錯誤嚴重性有些被勝利所掩蓋，造成的惡果被勝利抵消些。（如）冀東地區的戰爭再延長三、四年，冀東解放區會不會變質，是很難說的。"

　　傅作義深知，進攻是生命，他經常強調；不能攻就不能守。因此他不斷發起進攻，屢屢有收穫，對戰局充滿信心。1948 年 6 月，華北戰場吃緊，東野 11 縱入關支援華北野，攻克昌黎，鏖兵冀東。經過一系列戰鬥後，毫無警惕地在灤河南岸休整，由於東北國軍龜縮在幾個大城市裏，東野自由來往慣了，再也沒有想到，對方會主動進攻，要一口吃掉自己。可是華北不是東北，傅軍和衛立煌領導的國軍有天壤之別，8月初，傅作義秘密調動暫三軍、16軍、92軍、62軍等4個軍，突然把11縱包圍於鐵廠鎮、新集鎮、崖口一帶，準備包圍消滅11縱，東野11縱一點沒有防備，外加配屬的軍區炮兵旅撤退困難，渡過灤河困難不小，形勢危急，11縱只能以31、32兩個師以運動防禦形式拼死阻擊，掩護大部隊和炮兵旅渡河撤退，經過一夜激烈戰鬥後，終於在包圍圈沒合攏之前，撤到灤河北岸。11縱沒有公佈這個戰鬥和整個冀東作戰損失數字，只是談到撤到灤河北岸後補充了3000多新兵，以及一部分經過教育的昌黎戰鬥的俘虜。

傅軍予11縱以相當打擊後將其擊敗到灤河北岸羅家屯 —— 建昌營一帶，然後轉向遵化掃蕩進攻。

作主動戰略包圍進攻，戰役企圖一次消滅解放軍一個整軍（一個縱隊），這在1948年下半年于東北或其他戰場是不可能的，不可想像的，而在華北戰場上是常見的。

華北戰場是一個特殊戰場，1948年1月以來的大半年來，傅作義追著對手東奔西跑，以"主力對主力，以集中對集中"戰術，尋求對手決戰。對此，華北野戰軍採取的相應的戰略是；以分散對敵之集中，以集中對敵之分散，調動敵人，創造戰機，殲滅孤立分散之敵，積小勝為大勝。華北野戰軍這個戰略就是避免決戰，拖垮對手，公開講法就是牽著對手牛鼻子走。對於這麼個戰略，想要創造一個決戰的機會是很不容易的，而傅作義一旦抓住機會，也是不會放手的。

1948年7月，毛澤東催促東野發動遼沈戰役，林彪於8月間發了多個電報給毛，強調南邊敵情嚴重，傅軍威脅大，一定要華北野戰軍先出動，引開傅軍，楊成武部圍攻大同，才可以南下，說：我們東北部隊要看楊成武部什麼時候行動才能決定我們行動時間，根本問題就是怕傅作義部隊。毛澤東一面批評林，為了讓林出兵，同時督促華北野採取行動，華北野戰軍不得不浮出水面，進行真面目的戰鬥，配合東野發動遼瀋戰役。

9 月上旬，根據人民群眾送來的情報，華北野戰軍 3 縱在平北山區一帶老根據地活動，傅作義決心合圍消滅 3 縱。根據以往經驗，每次不等包圍圈合攏，對方就提前撤退，這次他特別謹慎，採用了磁性戰術吸引住 3 縱。

9 月 4 日，傅作義派出暫三軍與 3 縱 7 旅接觸，偵察到對方是主力，隨後退回。6 日暫三軍一部繼續向前試探，與 3 縱 8 旅發生小戰鬥，當天又退回昌平。10 日再次向北試探進攻，看看北野 3 縱主力是否還在，是否有增加。11 日又退回昌平，懷柔。傅作義純熟地使用了這種磁性戰術以吸引對方主力，爭取時間調動部隊，吸引對方前出到北平近郊決戰。

雙方統帥都打著自己如意算盤，鬥智角力，傅軍方面希望吸引住對方主力，調動部隊，儘量把對方調動到北平近郊，造成對己方有利態勢，消滅對方主力。

華北野戰軍 2 兵團方面主要戰略目的則是配合東野發動遼瀋戰役，把傅軍吸引到平北山區，遠離北寧線，使東野能夠不受干擾發起遼瀋戰役。但又不願在對方有強大後勤和空軍支援下在北平近郊作戰，而企圖把對方逐步逐步吸引到遠離北平的山區，引誘到自己經營多年的冀熱察根據地，使對方炮火和空軍優勢無法發揮，伺機吃掉對方一部。因此其戰略為步步退卻，撤向熱河山區，尋找戰機。為了達到這個戰略目的，華北野戰軍不得不傾巢出動。

經過反復偵察試探，傅作義已摸清華北野戰軍主力 3 縱就在平北山區，長時間來，他找不到對方主力作戰，如今總算抓住一個機會，自然不會錯過。

1948 年 9 月 14 日，傅作義下達作戰命令：暫三軍由西南向西北進攻，從康莊出發經延慶——永甯，折向東面四海方向進攻，與 16 軍在湯河口，寶山寺會合。16 軍由東南向西北進攻，由懷柔出發，計畫攻到密雲湯河口，寶山寺與暫三軍會師，形成嚴密合圍，包圍消滅 3 縱。

13 軍 4 師進佔石匣配合，暫 4 軍主力及 94 軍 121 師經平綏線懷來、昌平段策應，第 35 軍控制於通縣以東地區作為預備隊。

暫三軍和 16 軍兩部長期在華北戰場合作，互相瞭解對方，配合默契，關係融洽。傅作義此次動用了華北戰場上最得心應手兩個部隊，有 2 個戰役目的：

1、消滅或擊潰 3 縱

2、摧毀我軍經營多年的平北冀熱察根據地

平北冀熱察山區，是位於平綏路以東，平古路以西的山嶽地帶。該地區峰巒嵯峨，形勢險要，作為冀察熱遼根據地十二年之久，重要性不言而喻，儲備物資很豐富，有很多軍用民用倉庫，並設有各種軍用、民用製造廠，依據天然屏障，過去一向認為這是國軍不可逾越的安全地域，而傅軍這次出征掃蕩，實在是比較出乎我軍意料之外的。

1948 年 9 月 14 日秋風颯爽，天朗氣清，暫三軍浩浩蕩蕩從康莊拔營出發，聲勢浩大，步、騎、炮兵綿延 10 數裏，暫三軍攜帶 12 門山炮，華北剿總臨時配置的 4 門 105 榴彈炮，數十輛輜重卡車、炮車，主力新 31 師為前衛部隊，暫 27 師隨後，暫 10 師為後衛，浩浩蕩蕩殺向平北山區。

當日佔領延慶、永寧，3 縱退入山區。新 31 師開入山區，肅清小股擾亂的遊擊隊，當晚宿營於紅果寺山灣中，士兵們折枝為柴、埋鍋做飯，戰馬逐草而食，山谷裏炊煙嫋嫋，人影憧憧，輜重車輛井然排列，襯以滿天星斗，一派祥和氣氛，根本沒有戰鬥氣氛。

這是因為 3 縱不想在華北平原交戰，就是靠近北平山區交戰也非常忌諱。

9 月 15 日，暫三軍深入山區，戰鬥展開，新 31 師在大小韭菜冲（永甯東北 12 公里）以東，長城線一帶，與 3 縱 7 旅小股阻擊部隊遭遇，很快勝利結束戰鬥，打死打傷對方 200 多名，戰場發現對方遺屍 20 多具，俘虜對方 4 名，繳獲步槍 17 支，衝鋒槍 3 支。新 31 師傷官兩員、兵 39 員、陣亡士兵 9 名。暫三軍初戰告捷，士氣大振。

9 月 16 日，新 31 師分兵兩路，準備經黑漢嶺佔領四海冶，7 旅 19 團 3 營守黑漢嶺，20 團 3 營守珍珠泉展開了阻擊戰，暫三軍進山掃蕩，沒遇上對手，正憋著股勁，經對手阻擊，求之不得，立刻展開進攻。

暫三軍 12 門山炮、4 門 105 榴彈炮、迫擊炮全部展開，嚴密組織火力，密切協同步兵進攻。平北都是石頭山，難以構築工事，一炮下來隨著石頭炸開，威力更大，彈片加石片橫飛，山頭守軍傷亡重大。步兵隨後發動幾次進攻，守軍依託險峻地形，擊退了幾次進攻，不久守軍由於傷亡過大，已無法抵擋，新 31 師士兵一舉冲上 2 處山頭，雙方展開白刃拼殺，守軍寡不敵眾，2 個營守軍被消滅，只有少數殘存人員借著山路逃遁。

3 縱 2 個營為了吸引傅軍主力進山，保衛根據地做出了犧牲。傅部連戰連捷，消滅對方 2 個營，全軍士氣高漲，興奮萬分，一鼓作氣繼續進攻，大軍佔領四海，越過長城向湯河口，寶山寺進攻。

9 月 17 日大軍開抵永安堡，那天正是中秋節，傅作義為人特別細心，特發電報慰問全體官兵，勉勵大家消滅當面敵人，再過中秋，暫三軍政工處立刻印發特別號外，散發全軍，全體官兵們雖然沒吃上月餅，但都十分感激傅長官無微不至的關懷。

9 月 17 日，暫三軍再次進攻，新 31 師攻擊大小橫水湖高壩（永甯東北 30 公里）一帶，與 3 縱 7 旅阻擊的部隊再次發生激戰，激戰四小時，7 旅阻擊部隊被徹底打垮，陣亡連長和連指導員以下 50 多人，負傷 200 多人，新 31 師俘虜 17 人，繳獲輕機槍兩挺、擲彈筒一具、衝鋒槍兩支、步槍 12 支，7 旅又一個營受重創，而傅軍自身損失極小，僅僅陣亡士兵 8 人，傷官 3 員，士兵 52 員。

同日分兵前進的暫 10 師搜索到廟嶺高山（永甯東北 20 公里）一帶，與 7 旅一個營遭遇，激戰 2 小時後，斃傷對方 50 多人，擊退 7 旅阻擊。

連戰連勝，暫三軍更加驕狂，繼續向前進攻，不知道這是 3 縱吸引他們進入山區深處的戰略戰術。

《中國人民解放軍第 63 軍第三次國內革命戰爭戰史》則是這樣記載的："敵之三日進攻，未遭我堅強抵抗更加狂妄。"

9 月 19 日大軍繼續向熱河境內進攻，一部當晚進佔奇峰叉，已靠近熱河灤平縣，一部進入琉璃廟，另一部越過白河進到寶山寺、湯河口，與友軍 16 軍會合。

在暫三軍進攻同時，友軍 16 軍按照華北剿總周密計畫，也發起進攻，任務是從後切斷 3 縱退路，于湯河口，寶山寺與暫三軍會師達成合圍。在這個方向上，3 縱派出 8 旅阻擊，節節引退，4 縱 11 旅則從後尾追 16 軍進攻部隊，擾亂 16 軍進攻 3 縱的部署。

16 軍於 9 月 14 日由懷柔出發，向密雲渤海所方向進攻。14 日下午 2 點，16 軍攻至長園，與 3 縱 8 旅 22 團接觸，3 縱節節阻擊引退，下午 5 時，16 軍攻佔蓮花池，當晚退回渤海所宿營。

9 月 15 日，16 軍繼續向北進攻，佔領秋廠、大地等地。16 軍 94 師於四渡河（昌平東北 22 公里），孔峪村（懷來北 15 公里）都和 8 旅部隊遭遇，經過短促戰鬥，8 旅在傷亡幾十人情況下，並不戀戰，都向後引退。

17 日，16 軍進展神速，已向琉璃廟方向進攻，在大北灣和七道溝地區遭到 3 縱 8 旅 22、24 團阻擊，經過一陣戰鬥後，22、24 團主動再向後引退。19 日 16 軍率先攻抵琉璃廟、寶山寺、湯河口，與隨後趕到的友軍暫三軍按計劃會師，達成了合圍。

暫三軍和 16 軍會合後，包圍圈是按計劃完成了，但是在此之前，3 縱主力已提前撤退，並不在包圍圈內。

戰役目的之一，消滅 3 縱主力沒有達到，僅僅消滅了對方二個多營，1 千餘人馬，損失這點人馬對於一個擁有 3 萬多人的主力縱隊 3 縱說來根本不受影響，更何況華北野戰軍能夠從根據地隨時獲得任何數量的兵員補充。

戰役目的之二，摧毀我軍經營 12 年之冀熱察根據地基本完成，大軍掃蕩了四海冶、渤海所方圓 250 裏之內根據地，摧毀了大量的後勤物資、被服、糧食和彈藥倉庫，給華北野戰軍後勤供應造成很大損失。

暫三軍和 16 軍會師後，已遠離北平，山路崎嶇，運輸不方便，後勤補給困難，在兩軍會合當天，就是 20 日下午 7 時，北平剿總派出多架飛機，空投大米乾糧彈藥，兩軍士氣高漲，對傳作義運籌之周密細緻，表示感謝和佩服。

兩軍會合後，16 軍則因為失去目標，而於 21 日開始撤回懷柔。暫三軍軍部和暫 10 師也後撤回永寧，只留新 31 師繼續搜索敵人，暫 27 師拖後。對手 3 縱卻消失了，他到哪裡去了？其實他並沒走遠，就在寶山寺以北和西北熱察山區地區集結待命，雖然損失了千餘人槍，但卻沒有傷筋動骨，相反 2 兵團正在醞釀更大的戰略計畫，進行反包圍，消滅暫三軍。

從這場大規模軍事行動開始，中央軍委就十分重視，命令華北野尋找戰機，集中兵力消滅暫三軍。接到中央軍委命令後，野司命令第 3 縱隊，集中 5 個旅的兵力，在延慶四海和大小官頭一帶伏擊暫三軍，活捉軍長安春山。

華北野戰軍也覺得，四海地區位於懷柔縣以北大山上，那裏山高溝深，而且群峰連綿，地形對設伏的華北野非常有利，敵人在山溝行動，華北野戰軍只要佔領兩側山峰和封鎖山谷進出口，就形成了一個鐵口袋，伏擊地形絕對理想，在這裏伏擊敵人，敵人是插翅難逃。

為了達到這個戰役目的，鄭維山指揮第 3 縱隊，一直在引退暫三軍，不惜代價犧牲了二個多營的成本，以運動防禦戰術，節節抗擊，將敵人步步引誘到山區深處，然後以主力從兩側山巒迅速突向山區出口處劉斌堡地區，截斷暫三軍退回北平退路，正面部隊進行反攻，最後形成合圍，將暫三軍包圍在平北山區予以消滅。

所以這場戰役實際是中共中央軍委和華北剿總傅作義之間的直接較量。

9 月 20 日，暫三軍和 16 軍會合於寶山寺、湯河口一帶，已經越過白河，遠離北平，深入山區。在 16 軍撤退後，華北野戰軍發現對方留下搜索的兵力單薄，集中優勢兵力消滅敵人一部機會到了。

華北二兵團認為時機成熟，準備行動，於是命令：3 縱 9 旅、7 旅於 9 月 22 日由集結地由北向南，順著兩側山嶺，迅速插向敵後方，於山區出口處劉斌堡附近週四溝、大官頭（又名大冠屯）地區截住暫三軍全部或一部，二兵團獨一旅必須按時佔領劉斌堡側翼上、下官頭兩個山地、堵住山區出口。與 3 縱 7、9 旅會師，完成包圍，不讓敵人漏網。正面敵人撤退時，3 縱 8 旅從後尾追，形成四面包圍，共同消滅暫三軍。

應該說：2 兵團這個計畫策劃的相當完整周密，大膽兇狠，又有地利之助，暫三軍真的是插翅難逃。

對於平北山區雙方這場大戰，傅作義一開始就高度重視，精心策劃，無時無刻不在關注，他天天在半壁店剿匪總部研究敵情，商討對策，發佈命令，派出空軍偵察。

9 月 21、22 日兩天，暫三軍新 31 師副師長孫英年每天率領部隊過白河掃蕩，搜索敵人，將對方倉庫、工廠和設施破壞，暫 10 師也忙於破壞平北山區根據地，但是卻沒有找到對方主力部隊，對方似乎蒸發了，不見蹤影。

9 月 22 日，孫英年將軍掃蕩了一天，天黑以後又累又餓回到師指揮部，師長王建業因為有眼疾，正躺著睡覺。

孫英年坐下準備吃飯，一看飯菜是紅薯土豆，好大不快，心裏想：我們在外這麼辛苦，回來吃這種東西，胡亂扒拉幾口，便倒在床上休息。（傅部師級軍官食物大抵如此，沒有罐頭食品）。

孫英年為人打仗勇敢，機智過人，作風正派，就是喜歡美食，解放軍情報工作做得太好，連這點也知道，有次新 31 師從繳獲的華北野檔中看到對傅軍團以上軍官特點描述，其中講到孫英年，就有"91 團團長孫英年好吃好喝，喜歡讀風花雪月的書"的描寫。

正在朦朧準備入睡時，忽然聽到師長王建業喊了起來："豪生（孫英年號），豪生，起來，快起來！"孫心裏正不快，說："什麼事，不起來，說就是了啦。"王建業急急喊道："快起來，總部急電，十萬火急。"

孫一聽大吃一驚，瞌睡全醒了，一骨碌翻身下床，抓過電報就看，電報上寫著："火急，據空軍偵察，該師兩翼有大批共軍正沿山巒向該部相反方向運動，命令該部迅速向後撤退，已派出汽車在四海等候。"孫一看，驚出一身冷汗，這時各團正在白河以北掃蕩，陸續向宿營地撤回，情況十分緊急，任何延誤都有致命危險，孫心急火燎跑到機要室，一把抓起報話機大喊，命令："91團楊團長、92團張團長，93團王團長帶各部迅速後撤，限半小時撤過白河，各部緊急向四海冶撤退，那裏有汽車等。"

緊急部署完畢，新31師師部、師直率先拔營，向四海冶撤退，各部緊緊跟上。原來就拖後的暫27師，則由軍參謀長張又新帶領，從隘路南側山地繞道突圍。

新31師在王建業，孫英年率領下，全軍一路猛跑，馬不停蹄，于半夜時分接近四海冶，已經累得上氣不接下氣，遠遠看到四海冶有無數汽車燈光，300多輛道奇卡車已一字排開，等在那裏。大家心中大喜，總算鬆了口氣，華北剿總派來的汽車團果然按時到達。

汽車團團長姚子俊大聲催促說："趕快上車，我還另有任務，只能把你們拉出山區。"

官兵們按建制迅速登上卡車，孫英年指定最先到達2個營首先出發，交代2個營長趕到山區出口劉斌堡後，立即搶佔制高點，一個營向左佔領大官頭，一個營向右佔領小官頭，堅決守住陣地，保證大部隊順利通過安全突圍。那些跑了半夜的官兵們，累得一上卡車都呼呼大睡。

在暫三軍、16軍掃蕩平北山區，包圍3縱的整個戰役合圍過程中，傅作義在剿匪總部一刻都沒有安寧，時刻都注視著戰局的發展。

22日，空軍偵察報告送到剿總後，傅作義更是緊張萬分，高速運轉進行調度，親自運籌指揮，通宵達旦守候在指揮部。

傅作義計算著時間上共軍已搶先暫三軍幾個小時出動，暫三軍收到加急電報後，臨時調動，收回部隊，集結往後撤需要時間，共軍雖然走兩側山路，估計要趕在暫三軍前面，萬一被超越，封住穀口，後果不堪設想。

傅作義畢竟是經歷過無數征戰名將，運籌精妙，立刻作出幾個生死攸關的決定：

1. 派出一個汽車團到四海冶，用汽車輸送部隊出山區，利用汽車機動優勢縮短部隊與 3 縱幾個小時距離。

2. 派出空軍于拂曉時分到劉斌堡上空轟炸對方阻擊部隊，以接應突圍部隊。

3. 命令新 32 師立刻從涿縣車運出動增援，新 32 師乘坐 300 多輛道奇卡車，預計 23 日晚上到達永寧，隨後到達劉斌堡。

新 31 師如果被圍，只要能堅持一天，新 32 師就能趕到，收內外夾攻奇效。傅作義知己知彼，運籌帷幄之中，決勝千里之外，其結果也就可想而知了。

新 31 師全師坐上汽車，經過幾個小時急駛，於 23 日拂曉時分趕到劉斌堡，出了山區，先到達的兩個營，按孫英年的安排分別佔領小官頭，大官頭，隨後後續部隊陸續到達，汽車團卡車隨後一溜煙開走了。孫英年命令 105 榴彈炮連，衛生大隊汽車先回永甯堡，師主力等側翼阻擊的兩個營完成任務歸隊，馬上回撤。

擔任側翼阻擊兩個營剛一左一右佔領陣地，急忙趕來封堵山區出口任務的華北 2 兵團獨立旅的解放軍隨後就趕到了，差的就是那麼幾十分鐘，好險阿！沒有剿總這幾百輛汽車及時增援，新 31 師全軍將被堵在山谷裏！

獨立旅原計劃以 1 團佔領大、小官頭東北山，2 團佔領小官頭北山；3 團為預備隊。但是等到獨立旅趕到大小官頭時，發現新 31 師兩個營已搶先佔領 2 個制高點大、小官頭，自己沒有按時完成任務，急火攻心，命令一、二團分別進攻 2 個高地，這大、小官頭是山區盡頭一左一右兩個制高點，由數十個山包組成，當中是一馬平川，突圍部隊必須從平川出山區，誰要是控制了兩個高地，就能全面控制戰場，居高臨下開火，突圍部隊別想從當中大路出去。

這兩個高地對雙方說來都是勢在必得。獨一旅分數路向兩個高地猛撲，每次衝鋒都遭受沉重打擊，守軍居高臨下猛烈開火，一次一次擊退對方猛攻。

眼看對手就要從山谷撤走，獨立旅幹部們心急火燎，反復動員，精心組織，不顧傷亡反復衝鋒數十次，山炮、迫擊炮、60 炮幾十門密集發射，將山頭轟成一片火海。借著火力掩護，大批人馬一擁而上，守軍沉著冷靜，等獨立旅士兵衝到 100 米近處，輕、重機槍一齊開火，割稻般掃射進攻人群，獨立旅死傷慘重，進攻一次又一次失敗，戰場遺屍累累，躺滿了山坡。

由於對方一波接一波反復衝鋒，守軍重機槍不停地發射，沒有間歇時間，槍管都被打紅了，期間換水 5 次之多，均被燒沸，炮火之猛烈，戰鬥之殘酷，由此可見。

連續激戰 5 個多小時之久後，獨一旅憑著人數上絕對優勢，終於衝上山頭，兩軍在朦朧晨霧裏展開白刃肉搏戰。最後獨一旅以傷亡數百人代價，佔領大多數山包。2 個營守軍步步向後退卻，退守後面幾個山包。

正在此時，急急匆匆趕來合圍的 2 兵團 3 縱 9 旅終於在彌漫的晨霧中，於天色未明之際順著山嶺趕到山區出口，看到前面幾個山頭獨一旅剛剛佔領，誤以為暫三軍部隊，隨即對獨一旅守軍發起猛烈突然進攻。獨一旅認為對方進行反撲，派出 1 團、2 團、3 團各一部，幾乎用了全力猛烈反擊，雙方為爭奪 1 個山頭，互相猛烈開火，在彌漫晨霧中你沖我殺，激烈拼殺，演出了不小的誤會。

這樣給新 31 師順利突圍製造了有利條件，新 31 師得以安全突圍。

新 31 師開始撤退後，3 縱 8 旅按原計劃開始跟著新 31 師屁股後面在山谷裏猛追，一天一夜都沒有吃飯，但是兩條腿畢竟跑不過汽車輪子，外加天黑，山路崎嶇，速度更慢，等他們趕到時，新 31 師已經撤出山區，而伏擊部隊獨一旅和 9 旅還在自相衝突呢。

在獨一旅猛烈進攻下，新 31 師兩側阻擊的 2 個營步步向後退向主力，漸漸地被壓縮在以劉斌堡為中心的 2 平方公里範圍內，形勢十分緊張，態勢十分惡劣，激烈戰鬥中，91 團迫擊炮連受了很大損失，把 4 門 82 迫擊炮都丟了，連長只帶了幾十個人跑回來，91 團團長楊貴富大怒吼道："給我綁起來，槍斃！"正在這時孫英年為了視察戰況而趕到了，說："什麼事，放開，放開，都是抗戰一起過來的弟兄，算了吧，丟炮事我負責，戰後再說，趕快拿起武器，佔領陣地，就地抵抗。"

孫一看形勢不好，立刻趕回師部，向王建業說："形勢不好，必須馬上突圍。"王說："已經電報總部，決定固守待援，總部答應馬上派援兵來。"孫說："孫子雲；全軍為上，眼下這種情況怎麼守？四面高地基本被敵人佔領，我們被包圍在盆地，四面受俯射，完全受制於人，人困馬乏，彈盡糧絕，態勢這麼惡劣。援軍沒到我們就可能完，必須趕快突圍。"師參謀長孫柏岩說："副師長說得對，這裏太危險，趕快撤吧。"師長見兩個主要助手都這麼表態，說："軍人犧牲本應如此，召開團長會議表決。"

隨後 3 個團長都趕到了，開會表決，孫英年和參謀長孫柏岩主張撤退。92 團團長張葆初支持師長意見，同意固守待援。91 團團長楊貴富、93 團團長王步雲不表態，兩人說："這是你們師長事，我們執行就是了，表什麼態。"事情陷入僵局。

在這關鍵時刻，為了打破僵局，挽救全軍，孫英年挺身而出，對92 團、93 團團長說："你們兩個團各抽一個營給我，我帶隊突圍，打出通道來。"兩個團長說："剛才還說固守，怎麼突然決定突圍了。"孫說："師長決心變了，趕快執行。"參謀長說："副師長說已經變了決心，還愣什麼，趕快把部隊交給孫副師長。"

孫帶著兩個營 6 個連，分 3 個梯次，每梯次 2 個連，由 12 門山炮掩護，對準東南方向控制山區出口的一個 800 米關鍵制高點山頭，正面齊射，轟開一個缺口，每門炮只打了一發，由於仰角關係，都卡了殼。孫於是命令炮兵營長拉起山炮跟在部隊後面衝，6 個連成 3 個梯次猛烈向上衝開一段大缺口，就在新 31 師進攻同時，北平派來的一架飛機也準時臨空轟炸掃射，掃射突破口兩側共軍，使共軍受到很大威脅。在孫英年佔領制高點後，新 31 師全軍迅速沖出穀口，撤向永甯堡，于晚上 10 時安全到達永寧堡。乘此機會，軍參謀長張又新帶領暫 27師則從隘路南側山地突圍，沒有任何損失安全到達永寧。暫三軍全軍退到安全的平原地帶，進行整補，掉頭準備反擊。

新 31 師副師長孫英年的決定非常的英明及時，兵貴神速，趁著獨立旅和 9 旅自相殘殺混戰之機，側翼包抄的 7 旅和後面追趕的 8 旅還沒有到達時候，迅速突圍是最佳時機，幾乎沒有障礙，任何拖延都是致命的。

接到剿匪總部緊急支援暫三軍命令後，新 32 師師長韓天春急在心頭，他本來就是新 31 師幹部，淶水戰役後升為新 32 師師長的，對老部隊感情深厚，聽到消息，立刻率領新 32 師全軍，乘坐 300 多輛道奇大卡車從涿州緊急出動增援。

為了壯聲威，讓華北野戰軍知道援兵馬上到了，新 32 師師長韓天春下令一路上所有汽車大開車燈，不時地撤按汽車喇叭，讓對方哨探趕緊把消息傳過去，以瓦解 3 縱包抄部隊的信心。一路上幾百輛汽車浩浩蕩蕩，喇叭齊鳴，聲震山谷，給人以極大心理威懾。援軍的汽車一路緊趕，在 23 日晚上 12 點左右按時趕到了永寧堡，一看新 31 師完整，暫三軍全軍脫險，這才放下心來，寒暄了幾句，韓天春帶領部隊掉頭返回了。

　　二兵團沒有能夠堵住暫三軍，原因很多，傳作義當機立斷，英明地用汽車輸送部隊先出山區，爭取了時間，搶佔先機，是主要原因。孫英年果斷決定也很重要。

　　解放軍 63 集團軍軍史記載：“我主力遲到一步，致使敵主力于 23 日早晨從預伏區逃竄，我僅殲敵一小部。”

　　《中國人民解放軍第 63 軍第三次國內革命戰爭戰史》則記載：“由於我行動不夠迅猛，協同不好，加之山地運動不便，未能斷敵退路，暫編第三軍經小官頭逃至平綏沿線。”

　　華北野戰軍二兵團《平張段戰役檢討報告》中也總結：“在追擊戰中，則因出擊過遲，同時部隊協同聯絡不好，又未能斷敵後路，以致打成擊潰戰，俘獲甚微。”

　　7 旅由於山路崎嶇，天黑道路難行，行進緩慢，再加上追擊途中與 8 旅發生一些小誤會衝突，直到戰鬥結束都沒有趕到山谷出口，造成包抄兵力單薄；9 旅戰鬥開始很久才匆匆趕到，不瞭解戰場情況，沒做好戰鬥準備，稀裏糊塗地和獨立旅發生了自相衝突，削弱了阻擊力量；整個戰役組織的欠佳，協同不好，獨立旅趕到的晚，又和 9 旅發生誤會，自相衝突等等都給傳軍突圍創造良好機會，都是重要原因。

　　傳軍方面，在受到二兵團包圍時，華北剿總處置得當，措施及時。

軍長安春山指揮有方，統領全軍迅速撤退，新 31 師副師長孫英年指揮正確果斷，力排眾議，新 31 師全軍得以安然撤到永甯，得以全師而歸，而損失很小，僅 91 團丟了幾門 82 追擊炮，31 師全師傷亡 200-300 人，暫三軍另兩個師則沒有損失，而 3 縱和獨一旅為了阻擊暫三軍突圍，付出很大的犧牲。

新 31 師一到永寧堡，馬上給通宵等候的華北剿匪總部總司令傳作義發電報，電報說：「我師突圍，安全到達永寧堡。」

傳作義複電少有地快，15 分鐘到，簡簡單單四個字：「電悉，甚慰。」

對這次戰役竟然沒有成功，插翅難逃的暫三軍竟然跑掉，中央軍委非常失望，致電野司說：「進入山區內的這股敵人，不應該讓他們跑掉。」並且認為這次戰鬥未成功，主要原因：

一是縱隊主要負責人未到前面親自指揮，遠離部隊，造成部隊失控，結果未殲滅敵人。

二是伏擊的部隊放的太遠了，未能有效地對敵發起衝擊。

三是通信聯絡沒有協同好，使伏擊部隊打了自己的追擊部隊，結果喪失了一次全殲敵人的良機。

字裏行間流露出很大的不滿。

而華北野戰軍在陣中日記《永寧戰鬥檢討》（作戰彙報 77 號）中則這樣總結：

1. ……西南山地形便於敵之潰竄，我未派兵控制，敵在不利情況下，不與我戀戰迅速逃跑。

2. 敵跑時距離縮得很短，殲滅不便……7 旅動作遲慢，未能在週四溝將敵截斷，結果使 9、獨一兩旅打成正面，而 8 旅形成尾擊。

3. 突破敵人後，未能大膽地實行迂迴包圍，指揮不大膽，造成敵人逃竄之空隙。有的部隊山地運動不習慣（我不如敵人熟練），通訊聯絡不順暢等等……。

平北山區戰後，傅作義對此戰做了詳細瞭解，非常欣賞綏遠籍孫英年將軍臨場決斷，指揮果斷，認為孫將軍能攻能守，能夠敵前撤退，全師而歸，具備大將氣質。

1948 年 11 月初，孫英年率部遠端奔襲王家樓，指揮靈活，英明果斷，獲得空前未有的大勝利後，更深深地震撼了傅作義將軍，他決定將傅部第一個全美械師-獨立 311 師交給孫。1948 年 11 月初，王家樓戰鬥結束後，傅作義發電報發給暫三軍，電報說：＂著新 31 師副師長孫英年即刻來平。＂並於 1948 年 12 月初任命孫英年為獨立 311 師少將師長。

16 軍方面，與暫三軍會師後，由於失去當面目標，16 軍於 21 日淩晨率先向懷柔、順義方向後撤，4 縱隨後尾追，並在康各莊西北與 16 軍後衛 94 師接戰。根據傅作義指示，16 軍在牛欄山鎮留一個小部隊與當地自衛隊會合，堅決阻擊對方追擊部隊，目的是：一讓 16 軍主力得到整補，二要緊緊地吸引住尾追的 4 縱，讓對方牢牢咬住這個誘餌而無法脫離戰場。特別瞭解華北野戰軍戰略戰術的傅作義特別留下了一個誘餌。

在命令 16 軍向順義撤退，暫三軍撤向永甯後，傅作義在作戰室裏時而凝神注視著牆上的巨幅作戰地圖，時而背著手反復踱著步，腦海裏已經大膽構思了一個反攻計畫。早在 1933 年長城抗戰期間，傅作義就曾經在牛欄山地區率領 59 軍英勇抗擊過日寇，對那裏地形地物非常熟悉，知道完全可以利用那裏地形打一個勝仗，決心先以小部憑險固守，然後以主力兩翼包抄，打一個回馬槍，吃掉對方一部。

集中優勢兵力打殲滅戰一向是我軍傳統法寶，不出傅作義所料，4縱見牛欄山鎮有對方一小部隊，認為機會到了，一下猛撲上來。9月21日晚，4縱集中10旅28、29、30團上萬人猛攻牛欄山鎮，2縱4旅10團2營進攻龍王頭，12團配合10旅進攻牛欄山鎮，北野集中4個多團的進攻部隊，希望一鼓作氣拿下牛欄山鎮，消滅守軍。

守軍兵力薄弱，形勢十分緊張。10旅和4旅從21日半晚一直攻到22日下午，一天一夜之間，發動了十幾次猛攻，衝鋒隊伍在吶喊聲中，高喊著："沖啊，殺啊，"潮水般地一波接一波猛衝。機槍火炮雨點般傾瀉在牛欄山和附近陣地，炮火連天，硝煙彌漫在牛欄山鎮上空，經久不散，進攻反復被擊退。22日早上，4縱雖然曾經一度攻進鎮內，但是很快被反擊出來，部隊人員和武器傷亡很大。

守軍依託鎮內外工事拼死抵抗，打退了10旅十幾次猛攻，但是也到了彈盡糧絕的地步，十分危險，幾次向北平呼救，要求增援。傅先生告訴他們：最後勝利取決於誰能堅持最後五分鐘，要堅定守住，援兵已經出動，正從兩翼包抄敵人。守軍於是士氣大振，決心堅定，拼死抵抗。-

16軍主力撤到順義後，即按照剿總命令進行休息整補。

22日早上10點，傅作義看到10旅數十次猛攻牛欄山鎮，沒有得手，勢衰力竭，無力再持續，顯然時機到了。

於是下令，早就準備好的華北戰場頭號主力第35軍101師立刻出擊，命令該部分兩路從左右兩翼猛撲正在進攻牛欄山鎮的10旅、4旅兩側，命令空軍立刻出動轟炸，配合地面部隊進攻。

養精蓄銳已久的101師正等著戰鬥任務，一接到命令，於22日下午2點，全軍從順義出發進攻，向10旅、4旅兩翼發起猛烈進攻。

這對於一心進攻，沒有防禦準備的，也沒有在向後方向構築防禦工事的 4 縱 10 旅等部說來，完全出乎意料，非常被動，無法抵禦從後方殺來的生力軍 101 師的猛烈衝擊。4 縱當時是背水（潮白河）作戰，只適宜進攻，一旦轉入防守，則態勢十分不利。面對突發情況，4 縱臨時抽調部隊，處處被動堵截。101 師反攻部隊與 4 縱 10 旅和 2 兵團 4 旅的阻擊部隊在牛欄山、大營、東西馬坡等地經過半天激戰，進展順利，于天黑後佔領了牛欄山鎮附近高地、村落 20 多處，全力進逼，10 旅司令部也受到襲擊，戰鬥進入白熱化。

經過一天激戰，10 旅和 4 旅的疲憊之師，勢衰力竭，終於頂不住 101 師這支生力軍的猛攻，決定撤退，于 23 日凌晨乘夜色借白河東岸炮火掩護泅渡潮白河。101 師乘勢窮追猛打，輕重武器向渡河部隊猛烈射擊，牛欄山鎮守軍也見機出動追擊，三面夾攻，4 縱搶渡潮白河，泅渡的士兵有很多被打死，也有不少淹死在潮白河裏，損失不小。

101 師戰後統計，斃傷對方 1000 多人，俘虜 50 多人，繳獲 60 炮 1 門，輕重機槍各 1 挺，衝鋒槍三支，步槍 20 余支，101 師的最後勝利給這次戰役劃了一個句號。

4 縱此戰從開始到結束，人員武器損失很大，戰後僅在樂亭一縣就徵兵 4 千多人。

此戰 4 縱失利，軍戰史便很少有記載。5 個版本的 64 軍軍史中，只有 1983 年 5 月版的《六十四軍軍史（徵求意見稿）》簡單的提到："我縱隊指揮四旅出擊平古路的通州至懷柔地區，曾一度攻入牛欄山，將敵壓縮在一個狹小地區，正當圍殲之際，敵援兵趕到，我主力撤出戰鬥。"

一般讀者看這樣的有繁有簡的歷史，很難理解。

平北山區大戰終於降下了帷幕，從傅軍方面來說，其結果並非十分圓滿，以 101 師勝利，16 軍和暫三軍基本完成任務結束。這兩個軍進山掃蕩，經歷大小戰役十餘次，往返山區三百餘裏，深入腹心掃蕩，以神速的行動，爬山越嶺，縱橫掃蕩，摧毀了絕大多數工廠、倉庫、設施，雖然說沒有完成消滅對方主力的預期目的，只是給予3、4縱有限殺傷，但是破壞了華北野戰軍經營多年的平北冀熱察根據地，算是小有收穫。

但是這場戰鬥中雙方鬥智鬥勇，運籌帷幄的高超指揮藝術卻是非常的精妙，令人擊節讚歎，有很多經驗教訓值得總結。從純軍事角度看，傅作義臨危不亂，處險不驚，凸顯大將風采，每個戰略調動都顯示了深厚的軍事素養，不愧為國共兩軍中難得的帥才，傅作義指揮的這個戰役是國共內戰中的經典戰役之一。

二兵團口袋伏擊計畫也非常出色，先把傅部吸引到山區深處，然後四面將其合圍在山谷中，對手就是插翅也難逃，雖然由於自身計畫組織不周密，通訊聯絡不暢。對方山地作戰能力強，機動能力強等原因而沒成功，但是計畫本身是非常周密精妙的。

這個戰役雖然只獲得小勝，但給了傅作義很大的啟發，也積累了更多經驗，使得他僅在20多天后就巧妙捕捉住機會，在平北康莊戰役中給予對手以嚴重打擊，取得了更大的勝利。具體內容請看下一篇《傅作義部著名戰役-康莊戰役》。

雙方參戰部隊序列：

傅部方面

暫三軍，軍長安春山

副軍長，王憲章

參謀長，張又新

新 31 師，師長王建業

副師長孫英年

參謀長孫柏岩

91 團，團長楊貴富

92 團，團長張葆初

93 團，團長王步雲

暫 27 師，師長慕新亞

暫 10 師，師長張惠源

16 軍，軍長袁朴

華北野戰軍 2 兵團

司令員，楊得志

第 3 縱隊，司令員鄭維山

7 旅，旅長易耀彩

8 旅，旅長宋玉琳

9 旅，旅長陳坊仁）。

第 4 縱隊，司令員曾思玉

10 旅，旅長邱蔚

11 旅，旅長李湘

12 旅，旅長曾保堂

第 2 縱隊 4 旅，旅長肖應棠

二兵團獨立旅，旅長趙文進

華北野 2 兵團 8 個旅加直屬部隊，總共 10 萬多人。

本文承綏遠名將孫英年將軍修改指正，特此致謝並做永久紀念。

主要參考資料

1. 臺灣・國史館檔案

2.《傅作義部孫英年將軍採訪記》

3.《陸軍第 63 軍戰史暨戰例選編》（初稿）中國人民解放軍陸軍第 63 軍編印，1981 年版

4.《中國人民解放軍陸軍第 63 集團軍軍史》陸軍第 63 集團軍軍史編研室　1992 年版

5.《中國人民解放軍步兵 194 師師史》第 194 師師史編寫組　1989 年版

6.《中國人民解放軍陸軍第 194 師師史（初稿一）》陸軍第 194 師師史編寫組　1985 年版

7.《中國人民解放軍第 63 軍第三次國內革命戰爭戰史》(初稿)　中國人民解放軍第 63 軍編印　1957 年版

8.《內蒙古文史資料》內蒙古文史資料委員會

9. 鄭維山回憶錄《從華北到西北》解放軍出版社　1985 年版

10. 3 縱 8 旅旅長宋玉琳回憶錄《揮戈疆場》百花洲文藝出版社　1999 年版

11.《華北野戰第二兵團司令部平張段戰役檢討報告》

12.《華北軍區司令部陣中日記》

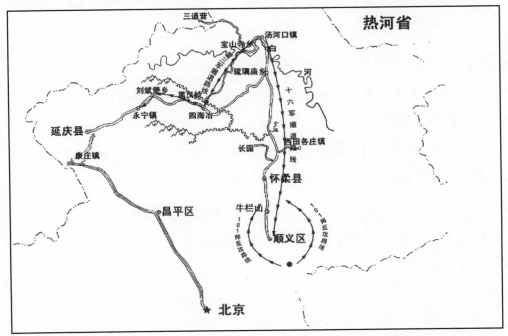

綏遠名將孫英年簡歷：

孫英年（1911－2007）

生於 1911 年 10 月 7 日（清宣統三年八月十六）。綏遠歸綏（今內蒙古人呼和浩特）人，字豪生。滿族。陸軍第 101 師教導大隊畢業。抗戰、戡亂戰爭屢立戰功，1948 年 12 月因戰功赫赫升 311 師少將師長。

1929 年 5 月輟學投軍，先後在第 38 師（師長李服膺）第 113 旅（旅長賈學明）第 226 團（團長劉逢吉）第 3 營第 11 連、第 5 軍（軍長李服膺）第 15 師（師長賈學明）第 43 團（團長李在溪）、第 68 師（師長李服膺）第 213 旅（旅長賈學明）第 425 團（團長李在溪）當兵。

1933 年 9 月考入第 101 師教導大隊受訓。

1934 年 3 月畢業後派任第 213 旅第 426 團（團長高朝棟）迫擊炮連準尉司務長。

1936 年 6 月調升第 101 師（師長李俊功）第 213 旅（旅長楊維垣）第 426 團（團長高朝棟）第 1 營第 3 連少尉排長。

1937 年 7 月升任中尉排長。12 月所部編入第 73 師（師長劉奉濱）第 211 旅（旅長孫蘭峰）第 421 團（團長劉景新）第 1 營機關槍連，升任上尉連長。

1938 年 10 月調任獨立第 211 旅（旅長孫蘭峰）第 421 團（團長

劉景新）第 2 營第 5 連上尉連長。

1939 年 6 月所部改稱新編第 31 師（師長孫蘭峰）第 91 團（團長劉景新）第 2 營第 5 連，仍任上尉連長。

1940 年 8 月升任新編第 31 師（師長安春山）第 91 團（團長韓天春）第 1 營少校營長。

1943 年 8 月升任第 91 團中校副團長兼第 1 營營長。

1947 年 5 月升任新編第 31 師（師長王建業）第 91 團上校團長。同月 29 日獲頒七等雲麾勳章。7 月 7 日獲頒勝利勳章。

1948 年 2 月升任新編第 31 師（師長王建業）上校副師長。12 月因戰功調升第 311 師（轄三團）少將師長。

1949 年 1 月 1 日晉頒五等雲麾勳章。同月 31 日在北平接受人民解放軍和平改編。2 月 26 日第 311 師改編為人民解放軍獨立第 88 師（轄三團），仍任師長。3 月所部裁編後入華北軍政大學學習。

1950 年 1 月派任綏遠省軍區（兼司令員傅作義）集甯軍分區（司令員黃厚）副司令員。

1952 年 8 月轉業後派任內蒙古自治區人民政府（主席烏蘭夫）文化教育委員會委員。

1955 年 5 月調任內蒙古新華書店副經理。

1966 年因"歷史反革命罪"被判處有期徒刑三年入獄，追究其戰爭罪。

1977 年 12 月當選政協內蒙古自治區（主席尤太忠）委員。

1979 年 10 月當選民革中央團結委員會委員兼《團結報》內蒙古站站長。

1984 年 2 月離休。

1984 年 9 月當選民革內蒙古自治區（主委楊令德）副主任委員。

2007 年 10 月 29 日在內蒙古呼和浩特病逝。

傳作義部著名戰役

康莊戰役

　　1948 年 1 月份進行的淶水戰役，晉察冀野戰軍全軍出動與傳部進行主力大決戰，損失很大，一蹶不振，之後一直避開傳部主力進行決戰（見本書第三篇《淶水戰役》），只是運用運動戰和遊擊戰進行襲擾，也就是華北野戰軍所說的"牽牛鼻子"戰術，敵進我退，敵退我擾，或者襲擊傳部後方根據地，運動於察綏、熱河、平北、冀東等華北邊緣地帶，其中平北是一個主要活動地區。

　　對於華北野戰軍在平北山區地帶的活動，傳作義在腦海裏一直醞釀著一個戰略計畫予以解決。1948 年 9 月 12 日，傳作義在北平會見國防部第三廳廳長郭汝瑰時就提出，華北唯有實行攻勢方可支持，一守就不可收拾，準備最近就進攻石家莊，在進攻石家莊同時在南口設伏，張網以待華北野戰軍之第 3 第 4 縱隊，他認為在進攻石家莊時，第 3、4 縱隊一定會增援，到時就會落入網中。郭汝瑰聽後很贊同這個一箭雙雕的計畫，覺得傳作義非常有見解，如果郭汝瑰是中共地下黨，這麼重要消息事後早就會傳給華北局，但是後來事實證明，華北局對此一無所知。可見坊間很多關於郭的流言沒有根據，揣度為多。

和郭汝瑰談話過後兩天，傅作義就於 9 月 14 日下令進攻平北山區，試圖綏靖平北山區，對這個試探性進攻，我在上一篇《平北山區逐鹿》一文中有詳細的介紹。

9 月 23 日，平北山區戰爭勝利結束，雖然戰果不是很大，傅作義的戰略構思卻成熟了，下一仗怎麼打他已經成竹在胸了。

9 月 23 日，華北 3 兵團攻擊集寧，包圍歸綏。

傅作義不慌不忙，調兵遣將，將四個軍的兵力順平綏鐵路，平張公路一字排開，即張家口、柴溝堡、懷來、南口一線，等待對方進一步行動再做決定。這個陣勢順交通線排開，隨時都可以順公路、鐵路展開或收縮，完成戰役集結。

這時遼沈戰役已經開始，華北三兵團在歸綏和集寧一線也打得熱鬧，為了防止傅作義向西和向東北增援，華北二兵團決定行動，牽制傅軍向兩線增援。

這時無論傅作義向哪個方向增援，都會產生重大壓力。華北野戰軍必須在平北以強有力的行動配合東北和西線戰場。華北二兵團此時壓力已經很大，因為"中央軍委要求華北二、三兵團全年殲滅敵正規軍 12 個旅"，而"我兵團（二兵團）至今則一個正規旅還未殲滅"。（引自《中國人民解放軍華北野戰部隊戰史文獻選編》）

如果這次再不出動主力配合東野發動遼沈戰役，其壓力和責任會更加大，華北二兵團不得不出動，決定發起平張戰役，首先切斷平綏路東段鐵路、公路交通，迫使傅部出來恢復交通，牽制傅部無法增援兩線戰場，爭取在運動中殲滅傅部主力。

1948 年 10 月 7 日，華北二兵團 4 縱奉命指揮 2 縱 4 旅，二兵團獨立一旅擔任戰役左翼縱隊，徹底破壞昌平至懷來鐵路、公路，並相機打點，而後爭取在運動中殲滅敵人。

10 月 9 日 24 時，也就是東野開始向錦州週邊發起進攻後，4 縱隊向平綏路東段平張路段展開了破擊戰。

傅作義很久以來一直沒有找到主力決戰機會，沒有想到這次對方主動打上門了，比計畫的還要早，原來計畫是進攻石家莊時吸引對方出來，沒想到對方為了配合遼沈戰役和進攻歸綏，提前發動了。

傅作義沒有三頭六臂，他可真是難，手頭就這麼點少得可憐的部隊。10 月 10 日進攻塔山要他抽調部隊，自己大本營綏遠被進攻需要調兵應付，眼面前平北冒出來的一個決戰機會，4 縱隊（軍）外加 2 個旅的主力 5 萬多人主力出動，他面臨三線同時作戰。

可以想像三線作戰需要多少部隊，那意味著同時要對解放軍華北和東北兩大軍區作戰，全國哪個戰區都無法應付。

傅作義是一個非凡的軍事家，就是三線作戰，他也會想盡辦法，克服困難達到目標。

華北二兵團也想借傅部三線分兵，處處兵力薄弱，形不成優勢的大好機會，消滅傅部主力，完成軍委下達的殲滅敵 12 個旅的艱巨任務。

1948 年 10 月 9 日零時，4 縱隊向平綏路青龍橋敵展開了破擊戰，因各種原因，破路成績不大。10 日拂曉，4 縱各旅破路至拂曉前，部隊撤至延慶西南及東南地區，布成袋形陣地，按計劃準備殲滅出來護路的敵人。

10 日，傅軍仍未出動，4 縱沒有機會，只有再破路吸引對方出動，10 日黃昏，4 縱隊以一個梯隊全部出動，命令各旅以部分部隊破壞鐵路，主力埋伏鐵路兩側準備伏擊出來護路的傅軍，11 旅破擊康莊至懷來鐵路，並掃清鐵路兩側守敵。4 旅破擊康莊至四孔橋鐵路，並攻擊外泡之敵，獨一旅破擊青龍橋至居庸關鐵路。10 旅附山炮六門首先攻殲西撥子之守軍，得手後繼續向岔道、青龍橋方向擴張戰果。12 旅仍活動于昌平、南口，鉗制敵人，配合主力的動作。

10 日 17 時，各部開始動作，10 旅 17 時攻擊西撥子，18 時繼占岔道，因傅部早有撤退準備，又未切斷敵退路，根據傅作義的指示，護路部隊基本不做抵抗，聞風而撤，4 縱僅殲滅一小部護路的地方武裝。4 旅攻擊外泡，對方亦大部撤退。各旅集中力量破路，至拂曉前撤至延慶地區集結，準備殲滅出犯之敵。

傅作義是個極謹慎的人，正如二兵團 1948 年 10 月 8 日給軍委電報所說那樣"傅匪確是一個較為狡猾厲害的敵人。"

傅作義不會輕易上鉤，他在不偵察判明對方行動企圖和不抓住天時地利的情況下，是不會草率出動的，10 日晚仍舊沒有出動護路。

4 縱繼續破擊，10 日晚上，以 10 旅指揮獨一旅向居庸關南口方向進攻。23 時攻佔青龍橋，守軍未進行戰鬥，撤往居庸關。

11 日中午 11 時，10 旅一路進攻，攻佔八達嶺、青龍橋火車站，隨即繼續進迫居庸關。12 旅各部隊一直在高山峻嶺中同傅軍激戰。

10 旅 11 日中午攻佔八達嶺、青龍橋後，捷報傳到 4 縱司令部，司令部一片歡騰。11 日下午，曾思玉司令員、王昭政委興致勃勃地登上八達嶺長城登高遠望查看地形。曾、王這麼高興是有理由的，八達嶺是康莊至居庸關段的制高點和中心，平綏鐵路的咽喉，控制了八達嶺和青龍橋，不但切斷了平綏鐵路，而且把這一條山環夾縫中的關溝段，一分為二，東可以控制南口，西可以俯視康莊，使國軍東西兵團陷於分離，傅部處於非常不利境地。

他們一致認為：我軍既然佔領制高點青龍橋、八達嶺，迫近居庸關，切斷了平綏線，中斷了北平與張家口的交通聯繫，直接威脅著北平，在這種情況下，傅作義一定會派兵出援，拼命爭奪，設法重新打通平綏路。

這正是運動戰殲敵的好機會，可以集中兵力，利用康莊車站以東至八達嶺之間的有利地形，殲滅康莊東援之敵，因為康莊到八達嶺之間這段鐵路、公路處於山溝內，稱為關溝，兩側都是連綿山脈，特別容易隱蔽埋伏部隊，居高臨下兩翼夾擊進攻溝內護路的部隊。曾思玉和王昭對此充滿信心，認為天時、地利都很有利，一定能夠打一個大的殲滅戰，於是向全軍發出號召，打出第二個"清風店"，當即返回司令部調整部署。

4 縱司令員曾思玉和政委王昭這樣充滿信心打出第二個"清風店"是有理由的，除了地理地形優越，兩側山地可以埋伏部隊，居高臨下衝擊被包夾的鐵路線和公路線上敵人外；整個形勢對華北野戰軍也十分有利，他們也知道，傅部三面分兵，一面進攻塔山，增援錦州；一面分兵歸綏，對付華北三兵團；餘下兵力不可能集中力量應付當面的 4 縱；更重要的是 4 縱到了 1948 年底，部隊經過大擴軍，人員充足，武器裝備大大改善增強，其實力已經比 1947 年 10 月"清風店"時期強大很多了。

（圖為華北軍區 4 縱司令員曾思玉）

11 日一整天傅部仍未出動，由於對方穩重不出擊，4 縱找不到機會，不得不於 12 日下午，命令 10 旅向居庸關發起攻擊。

南口至居庸關段為 16 軍第 109 師駐守，其主力在南口，4 縱估計居庸關可能是 109 師一個團，決心殲滅該敵，以 10 旅、獨 1 旅沿鐵路線向居庸關方向進攻。12 旅以 35 團經得勝口、馬家窯進至居庸關東南，配合 10 旅殲居庸關之敵，主力積極向南口進攻，鉗制敵 109 師主力不能增援居庸關。

4 旅以一個團佔領西撥子陣地，阻擊康莊可能出來東犯之敵，保證 10 旅殲敵，並察明情況，視情況以主力投入戰鬥，殲滅康莊增援之敵。

12 日下午，各部向居庸關發起攻擊，居庸關地形十分險要，守軍 16 軍 109 師裝備精良，在副師長黃劍夫多年調教下，戰鬥力不俗，曾經在 1947 年秋大清河北板家窯戰鬥重創晉察冀軍區 2 縱，造成己方與對方 1:4 的戰果。109 師一部佔領居庸關以北高山據險頑強抗擊，戰至黃昏，打退 10 旅多次猛攻，10 旅無奈，只得撤出戰鬥，當晚向西轉移尋找戰機，留獨一旅佔領青龍橋以西陣地阻擊可能西進之敵。

12 日早晨，看到 4 縱主力集中于東面，攻擊居庸關，傅作義覺得機會來了，命令在康莊待機的袁樸試探出擊，袁樸調 94 師分兩路進攻，企圖恢復交通，試探 4 縱的反應，南路 281、282 兩個團由師長周士瀛率領沿鐵路向西拔子進攻，在西撥子以西、外泡以東與 4 旅 11 團接觸。280 團團長李君南率領 280 團兩個營，向北進攻，佔領西紅寺、小郭家堡，保障 94 師主力左翼的安全。

南路 94 師兩個團進到西拔子，遭 4 縱各部突然攻擊，見勢不妙，迅速退回康莊，丟棄五門九二步兵炮，數十挺輕重機槍等武器。但是由於 4 縱在路南沒有埋伏部隊，沒有形成包圍，因此 94 師 2 個團兵力基本沒有損失繞道路南回到康莊，這讓 4 縱司令員曾思玉懊喪不已，他事後總結說：「當時，如果鐵路南有我一個部隊，採取南北夾擊，這個仗可就打好了！這個教訓在我的腦子裏盤旋著。」

280 團兩個營則順利進展小郭家堡，從表面上看，佔領小郭家堡的 280 團兩個營是保障 94 師主力左翼安全的部隊，兵力薄弱，遠離主力。實際上，這是傳作義放出的一個誘餌。

小郭家堡離康莊只有約 5 公里路程，既可吸引對方不脫離戰場，康莊主力又可隨時增援，戰場地點很理想。傳作義想要以此小部隊緊緊吸住對方，使其不脫離戰場，對方一定會覺得是機會，會集中優勢兵力打殲滅戰。而傳作義就可以有時間調動部隊，形成東西兩線包圍，抓住對手。

戰事的發展如傳作義所預料的進行，4 縱已經瞄上小郭家堡這一小股肥肉。中午 11 點不到，即 280 團進佔小郭家堡後不到 1 小時，4 旅 10 團和 11 旅 33 團立刻包圍小郭家堡，于中午 12 時發起猛攻，企圖一舉消滅 280 團兩個營。

4 縱領導決心乘敵立足未穩，一舉圍殲該敵。他們當時判斷小郭家堡只有一個營。

12 日中午 12 點鐘左右，4 旅 10 團（欠第三營）和 33 團發起進攻，4 旅的進攻完全不講戰術，用人海波浪式的衝鋒，先是炮兵集中向這個不到 20 戶人家的小村子猛轟，跟著機槍射擊掩護，緊接著集中三個步兵營兵力發動進攻，上千彎腰弓背的人海，在硝煙中，在塵土裏，向村落直撲，聲勢雖浩大，但是這種原始的戰術給守軍沒有造成多大的威脅。

守軍 94 師 280 團經歷過大清河北脊崗、固城、平北赤土村、平崗、滿城等大小戰無數次，戰鬥力很強，團長李君南是黃埔 10 期步科高材生，戰鬥經驗豐富，指揮水準一流。在李君南指揮下，官兵們不慌不忙地守在村內工事內戰壕內，輕重武器全部就位準備發射。

三百公尺—二百公尺—百五十公尺，衝鋒的隊伍平安的前進著，守軍也緊張地計算著，到一百公尺了，剎那間，守軍一百餘挺輕重機槍以及所有衝鋒槍，槍榴彈，全部突然地吼叫起來，在陣地前線，組成了擠不透、躲不掉的火海，衝鋒的隊伍一片一片地倒著，滾著，喊著，向後跑著，衝鋒的隊伍碰到了預有準備的猛烈火力，傷亡極其重大。

守軍立刻把戰果和情況用無線電發出去，並請求增援，16軍軍長袁樸回電：友軍267師（暫26師）已乘汽車前來合圍。

下午一點鐘，二點半鐘，10團和33團又攻了兩次，仍然失敗沒有結果。

下午5時，10團3營追擊潰敵返回，4縱集中四個營再次發起攻擊。這次火力組織得非常好，進攻前大小炮幾十門，突然地向小郭家堡這不到二十戶人家的小村落，開始毀滅性的攻擊，隨著炮火的猛轟，村裏以大大小小石塊拼湊起來的幾十間屋子，一個跟著一個塌了倒了，團指揮所的隔壁起了大火，一個炮彈落下來，把房東的兒子炸死了，一匹老鄉的毛驢，一沖而出，但立刻又被一個炮彈炸到一丈開外去，狗夾著尾巴嘶叫著到處亂躥，公雞母雞，從牆上飛到屋頂，又從屋頂飛到樹梢，280團二百多官兵也在炮擊中傷亡，炮火轟擊過後，又是一波密集隊形的衝鋒，而結果還同下午一樣，傷亡慘重退了下去。

傍晚時分，280團長李君南去村緣巡視，看到士兵們士氣很高，他們一邊拭著額著上流下來的鮮血，一邊把弄機槍，絲毫沒有反顧，一點也沒放鬆，李君南心裏稍微有點底。

李君南再往村外望去，遍野都是進攻部隊留下的幾百具屍體和幾百名沒有救回的傷兵。

（280 團團長李君南）

經過這一次進攻，4 旅 10 團的部隊傷亡殆盡，近 3000 人一個整團的戰鬥兵基本打光了，無法再做任何戰鬥，不得不停止進攻，等待 4 旅 12 團的增援。

4 縱在全力進攻小郭家堡同時，派出 11 旅 32 團在康莊到小郭家堡必經之路西桑園進行阻擊，確保小郭家堡戰鬥勝利。（見 10 月 12 日附圖）

西桑園村位於康莊以北約 3 公里處，東距小郭家堡約 2 公里，32 團以主力固守西桑園，派出 2 營 3 個連，即 4、5 連和機炮連守西面小村馬坊作為警戒陣地。

在 280 團固守小郭家堡的同時，增援部隊 35 軍暫 26 師兩個團在 12 日黃昏奉命增援，晚上 7 點進到馬坊南與 32 團守軍 2 營接觸，隨後立即展開兩個團的兵力向馬坊和西桑園西南角同時發起衝擊。馬坊守軍 2 營指戰員頑強抗擊，激戰三個多小時。暫 26 師在溫漢民指揮下，及時調整戰術向馬坊側後迂迴，守軍無法再守，只有放棄馬坊警戒陣地向後撤退。

第 267 師（暫 26 師）擊退 2 營佔領馬坊後，在炮火掩護下，于午夜時分向西桑園發起猛攻，在西桑園和 11 旅的阻擊部隊 32 團主力接上了火，267 師（暫 26 師）進攻的槍炮聲，一陣響似一陣，令小郭家堡守軍益形振奮，11 旅 32 團在西桑園也守得十分頑強，團長和參謀長都親自上前線督戰，部隊死戰不退。

但是西桑園戰鬥十分嚴酷激烈，因為 32 團面對的對手是實力和經驗都非常強的 35 軍 267 師（暫 26 師）兩個團，特別善於夜戰野戰，暫 26 師師長溫漢民是傅軍名將，由於完縣正全戰鬥的出色表現，於 1947 年 3 月 14 日獲頒六等雲麾勳章，1947 年 5 月由 95 團團長提升為暫 26 師上校副師長，1948 年 5 月由副師長職務行使暫 26 師師長職權。暫 26 師在溫漢民長期調教下，參加過平北老君堂、魏家營、增援應縣等戰鬥，屢獲勝利，戰鬥力已經相當強，士氣很旺盛。

這次康莊戰役，傅作義一開始就派他上陣，對他充滿信任和期待，整個戰役溫漢民的指揮和暫 26 師的表現也沒有讓傅作義失望。

（267 師（暫 26 師）師長溫漢民）

　　傅軍的進攻，尤其是 35 軍的進攻很有特點，根據野司總結的傅軍作戰特點中就有：「步炮協同較好，炮火一停，步兵即沖到我陣地前沿，一經被我擊退，則又重新組織，連續衝鋒 7、8 次。」

　　為了阻擊 267 師（暫 26 師）這種高水準的進攻，32 團團長李印生、參謀長馬清海都在戰鬥中犧牲，部隊也有相當損失。

　　為了擋住援軍，確保小郭家堡勝利，32 團不斷發起反擊，戰鬥形成了膠著狀態。

　　眼看華北野戰軍已經被牢牢吸引在從康莊到居庸關之間的關溝內，小郭家堡初戰已經大張旗鼓開始，決戰機會終於等到了。面臨三線作戰的傅作義是喜中有愁，傅作義愁什麼呢？

　　因為 16 軍一個軍 3 個師不可能消滅北野 5 個旅，當面的華北野有 4 縱 3 個旅，外帶 2 縱 4 旅和獨一旅。必須增派援兵，使自己兵力超過對方一倍以上，達到 10 個師，才能包圍消滅對手。如果康莊方面部隊兵力薄弱，無法從西向東進攻。南口方向過來的部隊從東向西進攻的部隊等於是一線作戰，傅作義從東西兩面包圍夾擊華北野戰軍的戰略計畫就要落空。

　　傅作義必須要往西線增加援兵，才能解決戰鬥。

　　在 1948 年 10 月 10-15 日之間，傅作義確實是無兵可派，當時三處戰場同時在鏖戰，那裏都需要援兵。

　　東面塔山戰場，10 月 10 日開始，增援和阻擊戰就開始了，驚天炮聲一陣緊似一陣，錦州危急，傅作義抽出華北部隊第 62 軍、92 軍、獨立 95 師等會同各部猛烈進攻塔山，挽救東北。

　　西面華北三兵團正準備進攻大本營歸綏，傅作義派出 35 軍 101 師、暫 4 軍、整騎 5、11、12 旅，騎 4 師增援歸綏守軍第 7 師。

　　暫 3 軍也進到宣化一線，準備加入歸綏決戰。

　　為了平北康莊關溝決戰的勝利，傅作義已經派出華北戰場僅次於傅部的最得力的 16 軍，16 軍 3 個師即 94 師、22 師、109 師都已經全部上陣，自己的主力 35 軍的 267 師（暫 26 師）也已經出動，還有 94 軍 121 師。

　　袁樸的 16 軍在華北戰場上和傅軍合作多年，配合非常默契，多次取得勝利，袁樸對傅作義的指揮充滿信心，對和傅軍合作充滿信心，16 軍已經成為"半傅作義化"部隊，這次又是 16 軍和 35 軍兩大主力聯手作戰，顯示出傅作義對此次決戰的高度重視。

　　傅作義命令袁樸指揮 16 軍 94 師、22 師、35 軍暫 26 師從康莊出發，由西向東進攻，命令鄭挺鋒指揮 94 軍 121 師和 16 軍 109 師從東面居庸關向西青龍橋發動進攻。

　　向三個戰場派出部隊後，傅作義手上已經無兵可派了。但是關溝決戰這點兵力是遠遠不夠的，要想取得勝利，必須增兵。兵法雲：倍則圍之。如今所調動的兵力，都無法超過對方，談何倍大於對方，進行包圍。根本無法包圍消滅或進攻華北野 5 個主力旅。

　　傅作義思來想去，考慮很久，決定再次動用自己的御林軍，35 軍 262 師（暫 17 師），這暫 17 師是警衛剿總和北平的警衛部隊，輕易是不能動用的。但是到了這個關鍵時刻，為了康莊戰役勝利，傅作義決心把王牌第 35 軍暫 17 師也派上去。

　　傅作義於是通知 35 軍軍長郭景雲，命令暫 17 師全師部隊於 12 日深夜趕到康莊，和在康莊的 35 軍（暫 26 師）267 師匯合，配合 16 軍，由西向東進攻，加入決戰。

　　傅作義做出這個決定後，如釋重負，他知道暫 17 師不會辜負他，他對自己的御林軍充滿信心。這暫 17 師曾經於抗戰結束後接受過美軍顧問團檢閱，被美國遠東軍參謀長魏德邁譽為中國第一流部隊，配備有 200 多輛美制道奇大卡車，機動性非常強。

前 6 次傅作義派暫 17 師出擊，每次都凱旋而歸，他相信這次也一定會圓滿完成任務。

1947 年年末，暫 17 師 1 團出援清水河，以少勝多，在綏南十七溝獲得勝利；淶水戰役，暫 17 師 2 團增援，突出奇兵，一舉擊敗 1 縱，拯救 35 軍軍部和軍直，奪回大量武器和裝備，再獲勝利；1948 年 1 月中旬南灣戰役，暫 17 師 1 團出擊，增援暫 11 師，擊敗獨二師，創造南灣大捷，三獲勝利；1948 年 3 月香河戰役，暫 17 師和騎 4 師、騎 5 旅三支部隊配合，汽車運載暫 17 師步兵和騎兵協同作戰，全力出擊晉察冀軍區香河地區冀東部隊，獲得空前大勝；1948 年 7 月，暫 17 師和暫三軍進攻保北，擊敗 1 縱，穩定保北；榆林戰役，暫 17 師派出 2 團一個團的援兵，雖然沒有真正交火，但也象徵性解了榆林之圍。

這次康莊戰役，暫 17 師全師出動，傅作義相信沒有人能夠阻擋他。

12 日，正在郭家堡戰鬥進行到最激烈的時候，第 262 師（暫 17 師）接到傅作義命令後，立刻由師長朱大純率領，全師乘坐幾百輛道奇大卡車從宣化趕到懷來，到懷來正夜燈初上時分。35 軍軍長郭景雲緊緊握住朱大純冰冷的手，簡單地傳達華北剿總命令後，給他倒上了一杯紅茶，朱大純微笑地端起來這滾熱的杯子，慢慢地呷了一口，隨後便告辭出發，一直向東搜索前進，到達康莊已是 13 日的午夜過後，正碰上 267 師（暫 26 師）進攻西桑園陷入膠著狀態。

為了打破僵局，暫 17 師不顧疲勞，派出一部從側面猛攻西桑園，32 團兩面受到側面突然襲擊，猝不及防，部隊損失大，無法支撐，鑒於阻擊任務基本完成，于 13 日淩晨 3 點多撤出陣地向康莊以西和東北撤退。

（第 262 師（暫 17 師）師長朱大純）

　　西桑園阻擊戰於是結束，傅軍 267 師（暫 26 師）在此增援戰中損失很小，僅僅傷亡營長以下 1 百多人，給 4 縱阻擊部隊 32 團相當的殺傷，順利地接應出小郭家堡 280 團突圍部隊 300 多人。

　　12 日午夜 11 時，小郭家堡 280 團團長李君南接到第一線報告，對方增援部隊（12 團）由東西兩路進入大郭家堡，（距小郭家堡只有二百公尺）而且攜帶著山炮 7 門、迫擊炮 10 門，守軍明白 4 縱援兵到了，要發動總攻了。

　　李君南命令各營沖出陣地，搶奪陣前屍體下的機槍和子彈，以增強火力，因為守軍的輕重機槍，毀於炮火之下的已近半數，這個不足二十戶的小郭家堡村，已經前前後後遭受了千餘發炮彈的轟擊。

　　13 日晚上零時過後，援兵 4 旅 12 團和 11 旅 33 團聯合再次發動進攻，這次使用了兩個團的步兵，進攻前第 4 縱隊部分炮兵加第 4 旅的炮兵（大小炮約八十多門）齊射 30 多分鐘，徹底破壞了村內工事和房屋，造成了守軍人員和武器很大的損壞。

　　4 縱在三十分鐘內發射各種炮彈約二千發，這個小村子承受不住如此重壓，全村土地在震盪，木石亂飛，大樹攔腰折斷，人已不能用聽覺或視覺來察知炮彈在哪里爆炸，只能感覺一片暴烈的嘈雜而已，守軍戰鬥力被巨大炮火粉碎。

　　炮聲停止後，步兵開始衝鋒，這時還活著的守軍手中的機槍依然響起來了，手榴彈也響了，全力抵抗。4 縱由於炮火準備的充分，這次進攻部隊只花了 15 分鐘就攻進村內，在村頭雙方展開了徒手近戰，進攻部隊有的爬上房頂，與守軍搏鬥；有的沖進村寨圍牆缺口，進行白刃戰。牆角下、街巷裏、房院中到處都是戰死者和受傷者，槍聲一陣陣劃破夜空，手榴彈爆炸此起彼伏，4 縱進攻部隊陸續從四面八方湧進村內，與守軍進行了一屋一巷的激烈巷戰。

　　李君南在彈盡糧絕，傷亡重大的情況下，知道無法再守，在凌晨 3 點多帶領殘存部隊 300 多人突圍，被趕到增援的暫 26 師（267 師）部隊接應回了康莊。

　　小郭家堡之戰，280 團團直和 2 個營損失不小，傷亡官兵 600 多名，被俘 500 多名，總損失 1100 多人，李君南率領僅剩下的 300 多人回到了康莊，但是卻受到了英雄般的歡迎，戰後團長李君南被晉升為 94 師副師長。1949 年 1 月北平守軍接受和平改編後，94 師師長周士瀛隨軍長袁樸飛離北平，李君南升任 94 師師長。

　　雖然小郭家堡最後沒守住，李君南卻得到晉升，這是因為他們給進攻部隊 4 旅和 11 旅造成了巨大的損失，超過自己損失 4 倍；更重要的是 280 團的戰鬥牢牢吸引住了 4 縱主力，給傳作義調動東西兩翼部隊夾擊贏得了寶貴時間。

　　小郭家堡四周，攻方遺棄屍體約八百餘具，負傷 3000 多，總損失 4000 多，比 3 縱上下店的損失還要嚴重。4 縱一直掩蓋這個戰鬥的真相，這畢竟影響到有關部隊和人物。

　　想徹底瞞天過海是很困難的，羅瑞卿政委對小郭家堡戰鬥非常不滿，做過嚴屬的批評。

　　他在 1948 年 11 月 25 日所作的《北征以還的幾項簡要總結和部隊當前的重大任務》的講話中指出：「（部隊）攻擊發起之前，不做必要的與可能的準備工作，馬馬虎虎拖上去就幹，亂沖亂拼是錯誤的。如上下店戰鬥，就是事先沒有準備工作，不明了敵人情況，雖然打了勝仗，但是傷亡太大。康莊東北小郭家堡戰鬥基本上又重複了這一錯誤，其嚴重性不下於上下店。」

　　1948 年 5 月 3 縱上下店傷亡有多大呢？根據《中國人民解放軍第 63 軍第三次國內革命戰爭戰史》(修改稿，1978 年 3 月版) 記載：「上下店戰鬥，3 縱殲敵 426 團及另外一個營，但是，戰前由於輕敵急躁，。。沒有細緻地偵查地形、嚴密地組織運用火力，即倉促攻擊，戰鬥中隊形又非常擁擠，因此，延遲了殲敵時間，增大了傷亡，付出了四千多人的重大代價，始將敵殲滅。這是應很好吸取的經驗教訓。」

　　由於小郭家堡戰鬥損失比上下店還大，那很明顯就是超過上下店 4000 多人。其中 10 團 3000 多人一個團基本被打光，也就是損失接近 3000 人，完全喪失戰鬥力，在小郭家堡戰鬥後就退出戰鬥，戰後到根據地易縣整補，直到 12 月底才重新參加新保安戰役。

　　11 旅 33 團參加了 12 日和 13 日凌晨的進攻，損失也不小，4 旅 12 團參加 13 日凌晨的最後一次進攻，那時 280 團抵抗力已經很微弱，因此損失較小，這兩個團的損失合在一起約在 1 千多人。

　　總損失 4000 多人，是 280 團 1100 人損失的約 4 倍，十分慘重。

　　戰後，2 兵團在戰後總結中也談到：「此次小郭家堡殲敵一個團主力之作戰，也是犯了同樣毛病。欺敵立足未穩，既不偵察地形、又不組織火力，多次衝擊多次受挫，打了一大堆傷亡，還未能突破前沿。（阻援又傷亡一批）。"

如果說上下店沒有打好，那 3 縱損失 4000 多，消滅守軍 1800 多，損失是對方兩倍多。而小郭家堡戰鬥，4 縱的損失是對方的約 4 倍。

說到 4 旅 10 團（577 團），這個部隊歷史上一向不講技戰術，慣用人海戰術猛打猛衝，傷亡總是最大的。1947 年 2 月，4 旅 10 團由河間翻身農民團組成，第一仗全團就在徐水縣嶽村被徹底打散（引自《中共河間地方史》）；1948 年 5 月上下店戰鬥，他就是主要進攻部隊；1948 年 9 月牛欄山鎮戰鬥失利，也有他的份。這次康莊戰役更是砸鍋賣鐵，被一鍋端了。

12 日下午，在進攻小郭家堡的同時，4 縱以一部全穿上國軍服裝，偽裝成 280 團歸建，開向康莊，準備奇襲康莊的守軍。

16 軍軍長袁樸聽說 280 團平安歸來，深感疑惑，親自趕往前線觀察所查看，發現歸來的 280 團隊伍極為齊整，他認為 280 團既然被包圍，不可能在數小時脫離戰場，就是脫離，也不可能隊伍那麼整齊，確定這是 4 縱化裝部隊前來奇襲的，於是當機立斷，命令部隊集中所有火力，猛烈開火，化裝部隊受此打擊，措手不及，傷亡重大而撤退。

康莊戰役（二兵團設想中的第二個清風店戰役）第一仗，4 縱打得太糟糕了，進攻一個不到 20 戶的小村子，守軍只有 2 個營，結果損失成建制的一個團，外加 1 千多人，總共損失 4000 多人。阻擊戰雖然成功阻擋住 267 師，但是阻擊部隊損失卻不小，還陣亡兩名團級幹部，而傅軍增援部隊損失很小，初戰的進攻和阻擊都不利，影響了隨後整個戰役，給"第二個清風店"戰役蒙上了一層陰影。

小郭家堡戰鬥，4 縱損失之大超出一般人的想像，是不講戰術，中下層指揮官軍事素養低下的典型反映。不講戰術在當時是很普遍的現象，小郭家堡不是唯一的例子，而是大量普遍例子中的一個典型例子。

如 1948 年 5 月，華北軍區進攻臨汾，39 旅 116 團進攻城外一個碉堡，即 21 號碉就傷亡 600 多人（《徐向前軍事文選》），非常的驚人。

13 日凌晨，朱大純暫 17 師這支生力軍到達康莊加入戰鬥，給袁樸帶來極大的信心，總攻時機成熟了。

1948 年 10 月 13 日一早，傅作義下令東西兩線發動全面總攻。

西線方面，命令袁樸率領 16 軍軍部、94 師兩個團、22 師 3 個團、暫 17 師 3 個團共 8 個團，在空軍支援下，由康莊出動，沿公路、鐵路向八達嶺、青龍橋方向進攻，留暫 26 師 2 個團駐守康莊阻擊東來的華北二兵團 3 縱增援部隊，暫 26 師一個團佔領四孔橋，內、外泡為二梯隊，做出擊部隊後應。

（圖為 16 軍中將軍長袁樸）

東線方面，命令 94 軍軍長鄭挺鋒指揮 16 軍 109 師和 94 軍 121 師由東向西進攻，與西線部隊會師青龍橋，消滅 4 縱主力，打通平綏線交通。

（參見 13 日作戰地圖）

懷來方面，命令暫 3 軍進攻雞鳴驛和下花園的 3 縱，牽制其無法增援康莊決戰。

這天國軍東西兩線部隊同時進攻，東西對進。東線戰場，94 軍軍長鄭挺鋒於早上 9 點指揮 121 師推進到東園、南口地區；13 日中午 11 點，109 師攻擊居庸關、青龍橋間附近兩側山地獨一旅部隊，到下午 3 點多，佔領三堡東西高地。

西線戰場，22 師早晨 9 點從康莊出發，部分向梆水峪、南園 10 旅守軍追擊，保證主力右側安全，主力向岔道和東西高地猛攻 4 旅 11 團的守衛部隊，下午 3 點多順利結束戰鬥。

35 軍 262 師（暫 17 師）以一部向大小呼沱及其附近高地守軍進攻，在新寶莊、寨城一帶與 4 旅 11 團激戰，很快攻佔兩地，保證進攻主力左側安全。

16 軍 94 師兩個團于上午 10 時占內、外泡，保障主力右側安全，下午占西撥子。

華北二兵團 4 旅 11 團佔領八達嶺、岔道一帶，阻止 16 軍向長城靠近。11 團派 1 營佔領八達嶺一線、2 營佔領岔道西山，3 營佔領公路以南。

14 日清晨，袁朴指揮各部繼續推進，22 師擊退 11 團佔領岔道，暫 17 師佔領程家窯和附近山頭有利地形，16 軍軍部和 94 師兩個團集結在西撥子，並且派出一部佔領了位於岔道和西撥子之間的制高點黑山高地，消滅 4 旅的守備部隊，準備進一步向八達嶺、青龍橋進攻，與東線兵團會師。

4 縱等的就是國軍出援的主力部隊，以便打出"第二個清風店"，由於情報有誤，錯以為進攻部隊是 6 個團，是殲滅戰大好良機，4 縱司令部迅速下定決心，以獨一旅阻擊東路從南口過來的兩個師，集中 4 縱和 4 旅剩下兩個團，全力進攻消滅西路康莊方向過來的三個師，即第 16 軍 94、22 師和第 35 軍 262 師（暫 17 師）。

決心既定，4 縱發起圍攻，14 日中午 12 時開始攻擊。10 旅主力 13 時，佔領西桑園，協同路南 29 團向四孔橋、內外泡攻擊。暫 26 師一個團發現被圍，形勢不利，放棄四孔橋、內、外泡，撤回康莊。10 旅佔領四孔橋、內外泡，切斷了東進國軍的退路，與東面的 4 旅兩個團形成了合圍之勢。隨後 4 縱加快了進攻包圍速度，11 旅 16 時占新保莊南山，為加速戰鬥的發展，令 12 旅歸 11 旅旅長李湘指揮亦加入戰鬥，17 時占大呼坨。

袁樸一看決戰的時候到了，4 縱全力以赴地從兩翼包圍了上來，立刻擺開架勢，將第 16 軍軍部和 94 師集結於西撥子駐守，22 師防守岔道，暫 17 師防守程家窯一帶，三個師形成犄角防禦之勢，先守再攻。這時 4 縱 9 個團加上 4 旅 2 個團共 11 個團包圍了國軍出擊的 8 個團，從南北兩翼包夾鐵路線上西撥子的第 16 軍 94 師。

這場大戰的勝負，要看袁樸的這 8 個團是否頂得住 4 縱 11 個團的猛攻和東面的獨一旅是否能夠擋住由東向西進攻的國軍兩個師了，即 109 和 121 師了。

4 縱隊根據情況分析，認為國軍六個團被包圍，是一殲敵良機，但敵兵力較大，青龍橋方向敵積極配合向西進攻，4 縱處於兩線作戰的情況，估計可能打出三個結果：

一、殲滅敵大部或全部（即第二個清風店）

二、擊潰敵人

三、與敵對峙打一個消耗戰（即戰鬥失利）後我軍撤出戰鬥。

根據以上情況的分析判斷，4 縱報告二兵團首長，建議抽調 3 縱隊主力兩個旅會合 4 縱部隊，總共 7 個旅殲滅康莊出援之敵。經兵團同意後，4 縱未待 3 縱隊兩個旅到達，即率領 5 個旅先發起進攻，殲滅西撥子守軍，爾後攻殲程家窰、岔道之敵。

晚上 20 時，4 縱 10 旅除派出 28 團控制四孔橋、內、外泡陣地，阻擊康莊方向援敵，截擊潰敵，主力沿南山根協同 11 旅、12 旅首先向西撥子攻擊。12 旅首先派出 36 團一部奪回制高點西撥子制高點黑山，16 軍一部在猛烈炮火掩護下隨後發動反攻，與 36 團反復爭奪黑山。

4 縱各旅主力從兩翼居高臨下猛攻西撥子，這次攻擊進行了一個晚上，空前激烈，雙方主力全力搏殺。袁樸指揮 16 軍最善戰的 94 師在西撥子堅決抵抗，22 師從岔道分兵增援 94 師，4 縱半天一夜進攻正好撞在傳部主力集中地，沒有取得任何進展。戰至 15 日凌晨 4 時，4 縱始查明被圍之敵為 94 師、22 師、暫 17 師三個師八個團，16 軍主力在西撥子、岔道。

包圍住康莊出動的傳部三個師，二兵團非常高興，認為消滅這股敵人很有把握。15 日早上 8：30 分發電報給軍委說：

"軍委，並致楊李李，報軍區：

昨康莊敵三個師與南口方面敵來攻八達嶺、青龍橋，我除以一個旅控制青龍橋、八達嶺高地阻擊東面之敵外，集中四個旅突擊康莊東進之敵，經半天一夜激戰，已將敵壓縮在岔道附近之窄狹地區，現在繼續攻擊，我三縱主力正向該地趕進。

楊羅耿。"

而在戰場實地指揮的 4 縱領導感覺並不一樣，經過半天一夜激戰，已經知道當面這股敵人戰鬥力頑強，兵力集中，繼續攻擊西撥子16 軍主力不易奏效。

故決定於 15 日早晨 6 時開始,將攻擊重點迅速改為左側翼的程家窯,增援在老鴰山（4 縱戰史稱為西山）與暫 17 師激戰的 12 團,改為從側翼包抄突擊。

但是 4 縱絕沒有想到,程家窯這帶守軍是傅作義的御林軍暫 17 師,指揮官是第 35 軍少將副軍長兼暫 17 師師長朱大純,朱大純畢業于陸軍大學,曾擔任過新 32 師副師長、王牌軍 35 軍少將參謀長等職務,作戰經驗豐富,指揮能力很強,訓練部隊很有一套,指揮部隊在內戰中屢戰屢勝,因此暫 17 師的戰鬥力比 16 軍還要強。

程家窯戰鬥一開始,激烈戰鬥就沒有停止,一直到 15 日中午 11 時,4 縱才攻佔村北幾個小山頭。

程家窯的戰鬥重心是爭奪程家窯背後老鴰山（西山）高地,老鴰山是整個地區最高的高地,萬一老鴰山被 4 縱攻陷,便可居高臨下直撲岔道,國軍集中在岔道、西撥子等地三個師便有被吃掉的危險,因此雙方在此進行了殊死的搏鬥,14、15 日,雙方在這裏曾經經過十六次拉鋸戰。

4 縱司令員曾思玉親自督戰,部隊為了第二個"清風店"目標,不惜犧牲,拼死爭奪,部隊傷亡很大,戰鬥緊張時無預備隊可派,曾思玉把縱隊警衛營都派上了戰場。

戰後指揮爭奪老鴰山戰鬥的朱大純將軍,站在山頂,曾和前來採訪的記者講述,在老鴰山一百五十公尺的距離中進行了兩晝夜爭奪戰的故事。

老鴰山是八達嶺西方最高的山頭,4 旅 12 團死守這個山頭,傅部主力暫 17 師以兩營的兵力去爭奪,10 月 14 日整夜,雙方在相距的一百多公尺的兩個相連的山頭下,拉鋸十六次,據 12 團戰史記載:（暫 17 師）向這個山頭衝擊 39 次。住在這山下面陳家窯村的一位沒有逃的老太婆比朱大純說得更生動，她說：「一天一夜呀，槍啊、雨啊，一會都沒有停過，誰也說不出那是槍還是雨！就覺得眼前一陣呼呼的黃風吹著，我就人事不知。」

老鴰山的命運，關係到整個西線國軍的命運，朱大純指揮部隊三次在搖天振地的殺聲中，翻過山去，把 12 團壓迫過去。4 旅 12 團英勇頑強又增援反攻過來，距離縮短的時候，刺刀頂著刺刀，閃著火花，也流著鮮血，這樣的搏鬥，一直進行到 15 日正午。

戰鬥十分緊張，第 16 軍袁朴軍長和劉裕經副軍長親自到岔道指揮，劉裕經原來是國民政府特派戰地視察組第三組少將視察官，1948 年 7 月剛升任為 16 軍副軍長，本來就是督戰來的，現在更加賣力督戰，嚴令部隊奪回老鴰山。

雙方都全力以赴拼搏，傷亡越來越大，戰鬥最緊張的時候，預備隊也用完了，袁朴軍長把 16 軍的伙夫和馬夫都派上了戰場。

4 縱嚴令部隊要攻佔老鴰山，14 日夜間部隊全力猛撲，並且將國軍包圍，戰鬥最激烈的時候，距離核心陣地不過二三裏，一度曾經摸到距核心陣地一千尺的地方，還不夠一次拉鋸的距離。

在經過無數次爭奪後，暫 17 師這個傅作義寄託了重望的御林軍，到底沒有辜負傅作義的期望，15 日中午過後，終於佔領了並牢牢控制了老鴰山，再次為華北戰場立下重要戰功。4 旅最後沒有能夠拿下這座決定戰役命運的高地，那麼戰役最後勝負也就決定了。

老鴰山之戰，雙方都付出了慘重的代價，戰後漫山遍野都是彈皮、鋼盔、沒有爆炸的手榴彈、炮彈、露出棉花的軍帽、衣服殘片，失了對的鞋子，草草挖成的散兵壕內，堆積著雙方的七九和三八的規格不同的子彈殼，橫陳豎臥的屍體。

有一個坑內被薄薄的一層黃土掩蓋著一個看上去年僅十七八歲的

孩子，頭露在秋風裏，緊緊地閉著眼睛；另一個則伏著身，燒焦了的腰部的皮肉，都有了一樣的皺紋，土填滿了被炮彈炸到的傷口。邊上一個埋著十幾具屍體的坑內，土看上去很多，仔細看去，才見土層上，正露著一個肥大的腳趾。戰爭的殘酷，讓許多年輕人都夭折在戰場。

暫 17 師穩定住老鴰山陣地，消除側翼威脅的同時，挑選了奮勇隊三百人，由西向東進攻長城邊的 11 團，首先與東線國軍會師。駐守岔道的 22 師，全力進攻岔道南山的 11 團的守軍，順利攻佔岔道南山，一部與東線國軍會師。

暫 17 師在這個決定性會戰中，再次起到舉足輕重的決定作用，讓傅作義寬慰不已。

大會戰從 15 日上午開始，至此袁樸的西線部隊已經被隔斷 3 天之久，幾乎彈盡糧絕，各類型的炮，因為沒有了炮彈，擺在一個地方，沒人理會。士兵都兩三天沒有吃到什麼東西，沒有合合眼睛了。4 縱方面也有好幾天不吃東西不睡覺了，雙方這時拼的是戰鬥意志和精神，看誰能堅持最後五分鐘。

到了最後關鍵時刻，東線指揮官鄭挺鋒下了死命令，一定要打開八達嶺，和西線兵團會師。進攻八達嶺的命令發佈以後，94 軍 121 師在長城前面遇到了獨一旅最頑強的抵抗，121 師師長韓迪事後憤怒地咒罵著長城，抱怨這古老的建築物阻擋了援兵的西進。

東面的獨一旅拼死阻擊，打得很頑強，旅以 1、3 團為阻擊部隊，2 團為預備隊，展開阻擊，最終沒有能夠阻擋住鄭挺鋒指揮的兩個師發動的由東向西的進攻。

當袁樸率領的 8 個團被包圍在西撥子、岔道、程家窯一帶時，傅作義一陣接一陣地催促，要求 94 軍軍長鄭挺鋒督促部下限時佔領青龍橋，與西線兵團會師，鄭挺鋒指揮 121 師和 109 師不斷發動猛攻，獨一旅堅守的長城和青龍橋陣地沒有堅強工事和可供隱蔽的塹壕，部隊暴露在長城上，很難做有效長期堅守，鄭指揮的國軍東線部隊以強大炮兵反復炮擊長城內外陣地。北平空軍基本不脫離戰場，一直在空中盤旋俯衝轟炸、掃射，掩護地面部隊進攻。

有時飛機的炸彈扔完了，子彈也打光了，正想返航。地面部隊卻是正當攻擊的緊要關頭，於是地面部隊用陸空聯絡電臺告訴他們，"別走，你俯衝，他們就怕了，"飛行員於是就做無彈俯衝，一直等到下批機群到達，才飛離戰場。

由於國軍陸空火力兇猛，獨一旅傷亡很大，1、3 兩團都已經支撐不住，15 日凌晨獨一旅把預備隊 2 團也投入青龍橋東山的戰鬥。

國軍進攻部隊是向上仰攻的，所攻的地方都是一夫當關萬夫莫開的地形，進攻部隊毫無掩避地方，防守部隊雖然也沒有有利地形可以利用，但居高臨下，只需要手榴彈，機關槍，就可以堵住對方，因此國軍進攻部隊傷亡也很嚴重，屢攻不下，被阻在長城腳下無法前進。

東線國軍對青龍橋和八達嶺發動十多次猛攻都被打退，華北剿總焦急如焚，指揮官鄭挺鋒也坐臥不安，命令 121 師、109 師不惜代價，不顧傷亡，務必儘快佔領青龍橋和八達嶺。

（94 軍中將軍長鄭挺鋒）

戰鬥最激烈的時候，鄭挺鋒軍長本人也下了必死的決心，他捏著支已經燃著許久，但沒有吸過一口的紙煙發佈著命令：“我們也用人海戰術，打開長城，用人墊上去，弟兄們打光了，師長墊上去，師長完了，我跟著來。”

鄭挺鋒下死命令後，部隊不顧死活猛攻。而 4 縱撤退後，獨一旅處於東西兩線國軍包夾進攻中，腹背受敵，非常被動。青龍橋、八達嶺陣地終於先後被突破，最後戰鬥是用白刃戰解決的，頑強防守在長城和山頭上的獨一旅的那部分部隊，在兩邊的強硬夾擊之下，終於無法支持撤退，但是撤退道路都被兩面進攻部隊切斷，無法撤走，部隊在懸崖絕壁之上，遭受炮彈和飛機群的掃射和轟炸，傷亡不斷增大，最後只好三三兩兩的用裹腿做繩，一個一個地垂到山下，有的被俘虜，有的中彈犧牲，山上和長城上守軍只有少數撤走。在 15 日下午二時，東線國軍終於打開了獨一旅死守了五天的八達嶺，與西線部隊會合。

獨一旅旅史（即《陸軍第 194 師師史》）記載：“16 日（應為 15日）敵 35 軍由宣化東援，我 4 縱隊從康莊撤走。敵人則毫無阻攔地向青龍橋增援，我旅腹背受敵，戰鬥空前激烈…敵人從北平派遣數架飛機向我陣地瘋狂轟炸掃射，戰鬥進入極其殘酷階段。由於山石堅硬，缺乏施工器材，所築工事全部被敵炮火摧毀。”

4 縱戰史記載：（西線）“敵主力為接應東面進攻之敵，向東猛突，佔領岔道南山，一部與東面之敵會合，同時由康莊增援之敵已越過四孔橋，而我 3 縱隊 9 旅尚未趕到，繼續再戰則於我不利，故決心撤出戰鬥。”

3 縱戰史記載的更加直接：“敵第 35 軍及第 16 軍共三個師東犯，與南口西犯之敵第 16 軍一個師會合，我第 4 縱隊殲敵未成，敵複占青龍橋。”

東線 4 縱部隊在 4 旅 11 團部分部隊掩護下撤出戰鬥，東線戰鬥結束。

15 日下午 4 點，東西兩線國軍會師青龍橋的西面。

這是一個風忽哨清的下午，東西兩線國軍在青龍橋西方的一個小村落裏會師，他們在歡呼中擁抱一起，用各種不同的口音，互相問好。在山頭上堅持陣地的士兵已經來往衝殺幾天幾夜了，扔過幾十顆手榴彈，發射過幾千發子彈，拼過刺刀，當時精神百倍支撐著，但是他們一聽到會師了，忽然癱軟下來，再也不能動一動，結果用滑杆把他們抬下山來。

在雙方主力在西撥子全力搏殺時，4 縱西線阻擊部隊也展開，準備阻擊康莊出動的援軍，10 旅接到縱隊命令後，以 28 團防守四孔橋、內外泡，28 團安排 1 營守四孔橋，3 營守外泡。

四孔橋地位非常重要，四孔橋一丟，向西撥子進攻的 4 縱主力將處於腹背受敵，被兩面夾攻的嚴峻形勢，因此絕對不能丟。

據 4 縱戰史記載：四孔橋背靠河灘，正在窪處，西北兩邊的地勢較高。西去康莊十裏，南距外泡三裏、內泡五裏。能夠利用的地形和工事，只有往南的一道稜坎和靠橋南側國軍丟下的幾個碉堡及一座平房。三點鐘，部隊到達後，3 營便去外泡守備，2 營和團部開向內泡。1 營營連幹部門，簡單地看了下地形，便開始構築陣地。

營指揮所設在車站平房裏，掌握著兩挺重機槍和三門六〇炮。一連在右翼配備輕機五挺，靠鐵路向北伸展。二連在左翼，配備重機一挺輕機三挺，沿稜坎向南伸展。另一連向康莊派出了一個警戒組。這樣，警戒部隊不太少了麼？不是沒有縱深配備嗎？還有與 3 營間三裏遠距離的接合部，又該怎麼辦呢？趕巧 28 團李團長走過來了，1 營營長邢翰臣覺得這回准會好好地調整調整部署。可是李震寰團長只簡單地說了一句："（康莊）敵人兩三個團，估計沒有什麼問題。"也就走了。

其實 1 營長邢翰臣也是這麼想的："主要的西邊康莊守敵，僅暫26 師兩三個團，夜裏西面 3 縱隊又可能到達進攻康莊，康莊敵人是自顧不暇，那有可能出擊四孔橋呢？戰士們誰也不會把它放在心上的！再說，這幾天尿城的敵人，追都追不上，還打個球啊！"

14 日總攻發起後，16 軍軍長袁朴帶隊出擊，35 軍軍長郭景雲於15 日趕到康莊指揮，並下令進攻，加入總決戰。15 日淩晨，被 1 營官兵認為嚇得只會跑的 35 軍暫 26 師，從康莊派出一個團，進攻四孔橋，直搗正在進攻西撥子等地的 4 縱部隊後方，這次來的部隊又是暫 26師，又是溫漢民。

天剛亮，這個團已經進到離四孔橋 200 米處，雙方開始交火，火力對峙了兩個多鐘頭，在摸清守軍火力配備和陣地情況後，溫漢民指揮主力逐漸展開了。

4 縱戰史繼續記載：敵人一面用正面鉗制，一面分左右兩路湧來。左路約距外泡八百多米，外泡往北是稜坎橫線，3 營的機槍火力足能給予敵人很大威脅的。敵人一部同時向外泡佯攻，3 營指揮員在電話上的回答是："⋯⋯我們這裏也發生了情況⋯⋯"卻沒有積極支援。敵人依舊很少受到阻礙地運動著。這時，進攻部隊的火力也驟然猛烈起來，迫擊炮開始向我陣地轟擊，輕重機槍一齊開火，陣地上火星四迸，子彈噗！噗！直響。電話線又被打斷了，二連陣地上的重機槍打不叫了，高碉打成了麻子，部隊在增大著傷亡。很多傷患都在陣地上呻吟著，營部的通訊員也有幾個犧牲了。剩下的還有四個通訊員，邢營長焦急地等待著援兵、彈藥和擔架。但因團裏手下也沒有掌握著擔架和子彈，只好臨時由別營抽調。一點鐘後，所增援的只是一個擔架班，二十發六〇炮彈和五百發重機槍彈，所帶回去的卻是一個火速的報告："敵人一個團的兵力已分三路迂回包圍。"

9 點多鐘，左路傅部已由一、三營結合部，全部向我二連陣地迂回進攻！二連在過去好多次戰鬥中，傷亡很大而戰果很小，該連連長李善國，在過去作戰中也曾有過畏縮現象。當時，二連傷亡已過半，大部工事已被敵火摧毀，戰士們都在慌亂地射擊著。李連長更顯得緊張和恐慌，見子彈快沒有了，敵人還在繼續湧過來，便空喊大叫："沒子彈用刺刀拼呀！"這雖激勵了我們的士氣來死守住陣地，但也告訴了敵人我們彈藥的缺乏和內部的空虛。在這種緊急情況下，邢營長一邊調來了一連一個排，增強二連右翼，自己也立即趕到二連陣地來。但是剛到二連陣地不久，一個通信員慌慌張張跑來報告說："……一連連長犧牲了！"一轉身，李連長也跟著來到他的跟前報告："營長，我掛了花，不行了……"他摸著他輕傷的臀部，裝作很是愁苦。邢營長嚴肅地命令他："在這緊要關頭，輕傷不該下火線，去，堅守陣地！"但當邢營長從二連急忙又轉回一連的路上時，李連長卻已私自逃下火線（戰後李被撤職），二連的陣地失守了，只有增強來的一連那個排，在排長的模範影響下，單獨抗擊著敵人。整個主陣地已暴露在敵人面前。邢營長當時雖督令二連政治指導員劉竹金親自率領二連一度重新奪回了陣地，但那時情況已很緊急，我軍士氣已大大受挫，敵人主力還在不知死活地全面突入。終於二連和一連的陣地相繼失守。

1 營的機槍班，堅持在碉堡裏，頑強抵抗，猛烈射擊，戰鬥經驗豐富的傅軍用機槍封鎖住射孔，突擊隊員隨後迂回到碉堡旁，用手榴彈塞入碉堡，碉堡內全班守軍都光榮犧牲！這時一線式的防禦陣地被攻破後，隊伍形成潰退，而援兵六連剛出外泡一裏，邢營長、張教導員眼看全營部隊被消滅，只剩下最後十餘人，無法再戰，也只好邊戰邊退，撤出戰場。

"唉！這樣下去，怎樣交代呢？"

"可是不撤退，難道我們幾個人能固守嗎？"

這是撤退前邢營長回答張教導員的一句話。

在西線 1 營四孔橋陣地失守後，4 縱所轄 5 個旅在兩翼都處在被前後夾攻的包圍狀態中，形勢極其危險，曾思玉不得不下令，全軍撤出戰鬥。

4 縱西線部隊的後撤被西撥子 16 軍發現，袁樸下令猛追以擴大戰果。於是西撥子的 16 軍 94 師集中力量在飛機、炮火掩護下，向防守西撥子 1 號高地 4 旅的分隊進攻。該分隊為了掩護大部隊撤退，英勇頑強，勇敢戰鬥，但是寡不敵眾，最後全部犧牲。

在此緊要關頭，縱隊命令在西撥子 3 號高地東北兩裂溝一線的 12 旅 36 團 8 連（八十餘人），在營的編成內，搶佔 1 號高地阻擊追兵，以保障主力撤退，36 團加強配備該連團屬迫擊炮一門和營屬重機槍三挺以增強火力，該連頑強戰鬥，掩護主力撤離戰場，華北野戰軍西線主力遂得以向延慶以北山區轉移，西線戰鬥，也到此結束。

西線的原本準備增援加入會戰的 3 縱受到從下花園出動的暫三軍猛烈進攻，直到 15 日晚上才得以脫身，而康莊戰役 15 日下午 2 點多就結束了，3 縱根本不可能增援 4 縱的決戰。

戰役勝利結束後，傅作義就向國防部報捷，並隨後召開記者招待會發佈勝利消息和報導戰役經過。

傅作義報告說："截至 15 日下午二時，已將匪全部擊潰，並將匪之第 4 旅及數地區之匪，完全聚殲。"這一輝煌的勝利"是驚險最困難的勝利，也是幾個月來最痛快的。"

華北剿匪總部政工處王克俊處長在當晚記者招待會上，忘掉了一切疲勞高興地對記者說：“這是我軍幾個月來最痛快一次殲滅戰。”

正如傅總司令所指出：“幸賴我在岔道的袁朴軍長親蒞指揮，由南口北進的鄭挺鋒軍長行動迅速。由康莊南下的時機適合機宜。尤其我空軍同志日夜不斷出動助戰，完成了常人所不能完成的任務。”

我們可以想像我英勇的國軍將士，在匪軍佔據了八達嶺後，如何三晝三夜忍饑忍苦，在險峻的山嶽地帶，崎嶇仰攻發揮了攻敵則能戰之”的“能戰”精神。

這一戰役兩路國軍已於午後 4 點于青龍橋勝利會師，刻仍分路追擊潰匪，空軍亦不斷出動協剿，我們于歡呼祝捷之餘，對勞苦功高的陸空將士，特致無上敬意。

王克俊處長說：我們這次勝利要好好檢查一下，除了岔道這一帶最關鍵的勝利以外，我們還不能忽略岔道以西郭家堡的序戰，如果這一戰失敗了，岔道是否能堅持到 15 日下午就很成問題。

如果郭家堡一仗，國軍被吃掉了，那麼那一隻從西面增援的部隊很可能再遇上一個包圍，或者康莊也難保，這個形勢對國軍又不利，所以郭家堡一仗和岔道一仗有著同樣的重要。”

這次參加戰鬥的兵力是華北野戰軍二兵團 5 個旅，國軍 12 個團，雙方兵力基本相等。可見國軍在戰術上成功比戰略上大些，同時正確戰略要靠優良戰術才能達到目的。

這次勝利國軍是以運動戰、山地戰、攻堅戰交互運用才擊潰對手，完成任務。戰鬥的經過有兩個特殊性，一是地形與狀況的特殊，康莊至居庸關是一日行程的鐵路，且有長城的阻隔，而居中之天險八達嶺、青龍橋又為敵所據，使國軍東西兵團陷於分離。

二是運用的特殊，國軍原以殲敵主力為目的，欲殲敵必須顯示弱點，要示敵以弱點就不能不冒險。"

王克俊在記者招待會上所說基本反映當時戰況。

郭汝瑰在其 10 月 16 日日記中記載：

"賴成梁于北平來電話，伊已隨總統返平。據雲：傅作義于南口、懷來間獲大捷，又在下花園殲敵一部雲。"

康莊戰役戰後，據華北剿總統計：4 縱等部共傷亡被俘約 1 萬數千人，戰場已發現的遺屍即達 5700 多具，俘虜兩個營又五百餘，繳獲各種炮 12 門，輕重機槍 30 餘挺，步槍近千支。第 4 旅幾乎全部被滅，4 縱隊警衛營死傷二百餘，第 10 旅只剩下八個連，11 旅 33 團及 12 旅 34 團亦傷亡慘重，其餘各團及獨一旅死傷過半。

這個統計和事實基本相符，4 縱的 1 萬多人損失中，4 旅最嚴重，說幾乎全部被滅屬實，其中 10 團被殲滅，消失在戰役隨後過程中，所以 10 團戰史(即 577 團戰史)的康莊戰役只記載了小郭家堡一個戰鬥；12 團先參加進攻小郭家堡戰鬥、隨後與暫 17 師拼死爭奪老鴰山 2 天一夜，最後在八裏莊遭到突襲，又損失一個營，12 團也被殲滅；11 團雖然損失很重，但沒有像其他兩個團那麼嚴重。和 10 團不同，11、12 兩個團戰史都有參加整個戰役的記載。

4 縱其他各部都有些損失，屬於傷了十指，對於當時 5 萬多人的參戰部隊來說，仍舊還有戰鬥力，經過根據地無限人員的迅速補充，很快就能重上戰場。

戰後傅軍總結中第一條就談到這次勝利的實際收穫：

一、平綏東段的勝利是一個真正的勝利！一個勝仗的條件必須是大量地殲滅敵人，大量地俘虜敵人，大量地繳獲敵人的武器。平綏東段的戰役是符合了這三個條件，因此它就是一個真正的勝利。

康莊會戰初戰小郭家堡，4 縱傷亡很大，而 280 團守軍相比很小。

在兩軍後期決戰過程中，由於猛烈爭奪山頭和要點，仰攻長城等地，雙方傷亡都很大。

據後來到臺灣的 16 軍 94 師 280 團上尉連長周仲昆給國防部總結所寫：一、此役殲匪甚多，但我傷亡亦重，原因是互爭山頭，每山頭之失皆以彈盡。二、著重硬搶山頭，不知迂回，致成傷亡相等。

傅作義的部隊並沒有像中央軍那樣就此罷手，15 日晚上根據人民情報網送來消息得知，4 旅 12 團撤退後，駐在延慶八裏店一帶休整，立刻命令駐在康莊的 35 軍暫 26 師一部乘卡車賓士突襲，16 日早晨突然襲擊包圍前八裏店。

3 營是 12 團此戰中唯一還建制完整，損失雖然不小但還有些戰鬥力的部隊，12 團把這個團擺在前八裏店村（康莊以北 19 公里）作為前哨，但是經過 3 天 3 夜激戰後，全營官兵十分疲勞，都在酣睡。傅部 16 日早晨 8 點趕到後，分兵包圍進攻，3 營哨兵既沒有認真地分析判斷，又未查問就誤認為是我軍汽車，當遭到突襲時，部隊還未起床，驚慌失措，失去指揮，各自倉促應戰，少數犧牲，大部被俘，全營被消滅。4 旅余部只得被迫向北山和西龍灣方向撤退，沿路又遭飛機轟炸掃射，再次受到損失。

12 團（579 團）戰史這樣記載的："15 日中午，我團完成阻擊任務撤出戰鬥，進至延慶附近集結。我團 3 營駐前八裏店，部隊經過連續幾天的戰鬥，十分疲勞，在此情況下，特別是幹部輕敵麻痹。當 16 日晨八時康莊之敵乘汽車突然進入到我三營駐地八裏店村，戰鬥警戒既沒有認真地分析判斷，又未查問就誤認為是我軍的汽車，當遭到突擊時，部隊還未起床，驚惶失措，失去指揮，各自倉促應戰，以致全旅被迫向北山撤退，後又遭敵機的轟炸掃射，使部隊受到一些不應有的損失。"

對此戰後傅軍總結中第 5 條特意提到：

五，大膽緊追才能擴大戰果

敵人潰敗時要忍受一切疲勞和痛苦，把握機會，大膽緊追。匪軍組織完全靠了控制，潰敗後控制力崩潰，組織瓦解，這個時候，仗最容易打，也最容易獲得戰果，這次匪軍整營在西（龍灣）繳械便是證明。我們不要怕疲勞，須知匪軍比我們更疲勞，我們追，不但能大量俘虜敵人，更能大量地俘虜槍械。

康莊戰役戰後，國府論功行賞，16 軍軍長袁朴因是役有功，獲頒三等雲麾勛章一座，三等雲麾勛章是很高的榮譽。

原 22 師師長馮龍升為 16 軍副軍長，原 109 師副師長黃劍夫晉升為 22 師師長；守小郭家堡有功的原 94 師 280 團團長李君南升為 94 師副師長，溫漢民由 267 師副師長晉升為師長，仍舊統領 267 師。

1948 年 10 月 15 日，康莊戰役結束的同一天東北錦州被東野攻佔，塔山阻擊戰勝利結束，東北國軍進關通道被鎖住，東北大局已定。

因此華北野戰軍這次重大失利，就被東北的勝利而沖淡了，軍史也就輕描淡寫地掩蓋過去，很少有歷史研究者瞭解這個戰役情況，而不瞭解這個戰役，就不可能對當時東北和華北的整體情況做出正確分析判斷。

有些軍戰史則這麼寫：此次平張作戰，連續七晝夜…有力地支援了東北野戰軍遼沈戰役的勝利進行。

認為此戰牽制了傅部增援東北，這倒是符合事實的，如果沒有 4 縱隊等部在康莊戰役（平張北段戰役）的英勇戰鬥和犧牲牽制了傅部，傅作義一開始就將參加康莊戰役的 35 軍和 16 軍等 6 個主力師派到塔山進攻東野的阻擊部隊，塔山阻擊戰孰勝孰負就難說了，遼沈戰役第一仗錦州戰役就會增加更多變數。

任何事物都是一分為二的，康莊戰役的勝利助長了傅作義的驕狂，是他決心不撤往江南，而留在華北準備與進關的東野做拼死一搏的重要因素之一。

華北野戰軍是善於總結和學習的，所以也不斷進步。戰後華北野戰軍在《華北野戰軍第二兵團司令部平張段戰役檢討報告》對戰役失敗做了深刻的檢討和總結，檢討這麼說：

（一）第二次敵以五個師（東路兩個西路三個）分由康莊、居庸關東西夾擊西撥子、青龍橋之線，我為戰略配合需要，又利用有利地形，阻擊東路。而擊其西路，我之兵力雖較弱，但如此打法適當，仍可滅敵一部，故此次戰鬥主要教訓在於未能集中兵力火力，突敵一翼，求得割裂殲滅其一部，或於突垮追擊中殲滅其一部，反而採取了分散兵力全線包圍之不適於敵我當時具體情況的錯誤打法（三縱兩個旅未能適時趕到和對於作戰佈置未嚴加審查，我們亦有責任），結果處處薄弱，處處未能解決問題，打了半天，雖企圖改正缺點。重新佈置，但時間已來不及了，因兩路敵軍已靠近（本來相隔甚近）不好再打，乃主動撤出戰鬥，從此次作戰看來，在一定條件下，（例如地形好，人民條件好，或其他條件等），敵我兵力對比，雖我之兵力僅稍優於敵，或敵我兵力相等，甚至少弱於敵，這樣的仗，並不一定就不可打，惟在打法上一般的應集中兵力突敵一翼或割敵一塊，切忌分散兵力和全線包圍，因為貪心太大，就一定吞不下的，另一方面敵情較為緊張條件下，所捕得的戰機，必須各方面均作周密的考慮與佈置（我在平北冀東好幾次作戰都是此種情況，主要是我兵力不夠，集中力量突擊，阻援兵力即弱，而使用阻援力過大（有時還須兩面阻援），則突擊力又弱了，而敵人增援，則一般是快而且多），在戰役指導、兵力佈置、戰場指揮上，力爭不出亂子或不出大亂子，否則，往往就出現打成一個不解決問題的仗。

（二）對敵正規軍作戰，因其善於作工事，火力頗強，即令已立足未穩在包圍好後，亦須周密偵察地形，選好前進道路和突破口，組織好火力，佈置好兵力後再行進攻，即東北提出的："四快一慢"中所謂"一慢"，切忌亂撞亂碰，企圖一沖解決問題，犯急性病的人本想快些解決，結果反而慢了，我五月出發時之上下店殲敵一團作戰，即是犯了此種毛病，結果吃了大虧，敵人雖消滅了，我自己支付了極不合算的傷亡（殲敵一團還逃了一小部）我傷亡兩千余人（編者注；此報告極大縮小傷亡人數，軍史記載 4 千多傷亡），此次小郭家堡殲敵一個團主力之作戰，也是犯了同樣毛病。欺敵立足未穩，既不偵察地形、又不組織火力，多次衝擊多次受挫，打了一大堆傷亡，還未能突破前沿，以後經過必要之準備與組織火力，僅十餘分鐘即解決了戰鬥，其時敵已增援到附近，如我無另一部堅決阻援（但阻援又傷亡一批），則此敵很可能不能殲滅。

（三）下級幹部的指揮與隊形的運用，仍然重複過去的毛病，密集隊形亂闖亂碰，白天在敵火下拉來拉去，亦密集隊形，衝鋒時之小組隊形，亦即東北之所謂"三三制"隊形，我們的幹部一般的運用得不熟練，或有的不會運用，甚至不願運用，今天情況下的作戰，如衝鋒時的戰鬥隊形，不采小集團式的，亦即"三三制"式的，則必然招致過多的無益傷亡，在我們部隊中要完全解決此一問題，還須反復教育（包括打通思想）於反復操練才成。

（四）各級指揮機關對於情況材料之搜集、研究、判斷掌握等，亦作得不夠，從密息得來的材料。如不從動的觀點和聯繫各有關材料加以判斷，如不以服務於我們的既定作戰計畫而自己的作戰計畫，反隨著密息情報為轉移，則不少時候會因之受騙，至於既注意當前情況，又預見情況的可能發展，因而預計著新情況下的新的處置，我各級指揮機關、指揮人員的此種能力，還是很不夠的，所以很多時候決心的過多改變，或者佈置上的表現缺點，往往是由於缺乏上述預見所造成的。

（五）戰場直接偵察，各部隊普遍表現薄弱，依賴上級供給情況，對於自己當前的敵人很少弄得十分清楚確實的，包圍一個村莊打了一天一夜，始終鬧不清楚敵人到底是多少，如郭家堡被殲之敵，開始報告是一個營，以後又說是一個團，直到最後全部殲滅，才弄清團直帶兩個營，其他如在康莊東作戰之程家窯、大小呼沱等村，到底那個村子敵人是多少，始終弄不清楚，甚至有了俘虜都不注意詢問情況。

二兵團這個檢討認真地分析和檢討了戰役得失，非常詳細清楚地反映了康莊戰役的具體情況，總結了寶貴的經驗教訓。

作戰地圖

康莊戰役 10 月 12 日戰鬥經過要圖

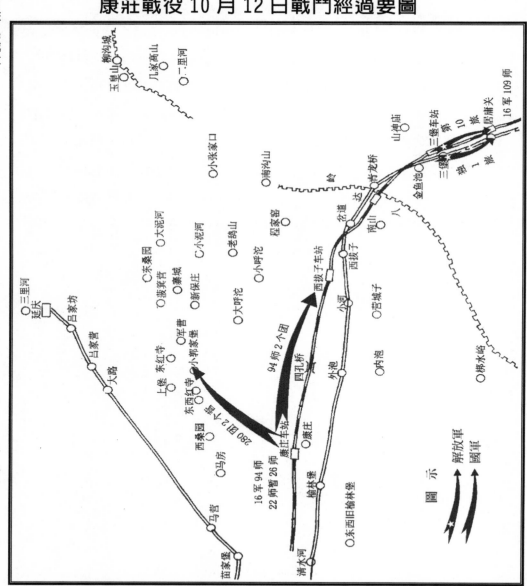

康莊戰役 10 月 13 日戰鬥經過要圖

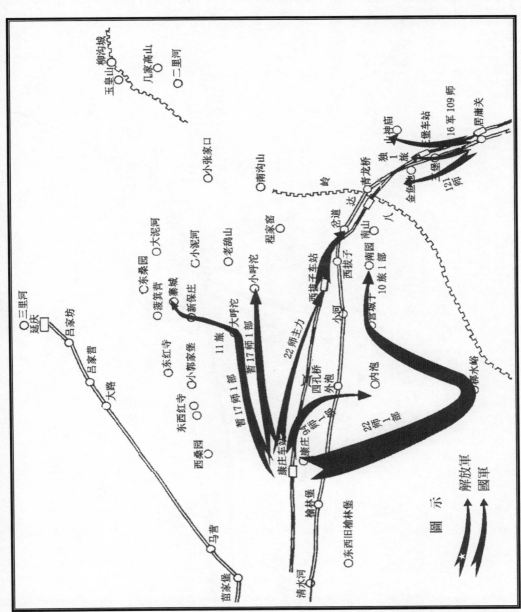

康莊戰役 10 月 14 日戰鬥經過要圖

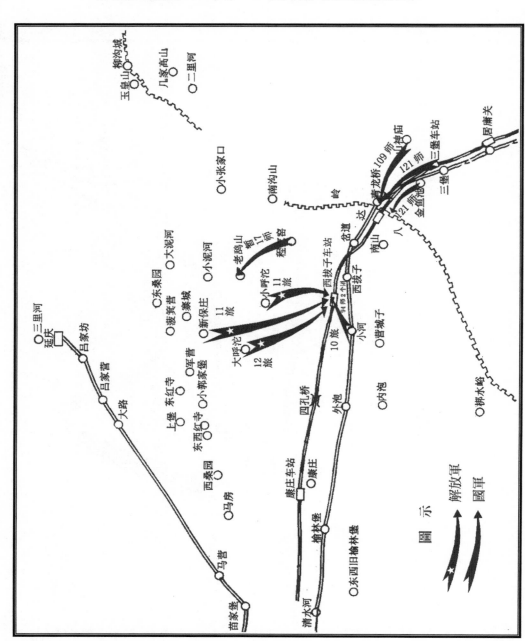

康莊戰役 10 月 15 日戰鬥經過要圖

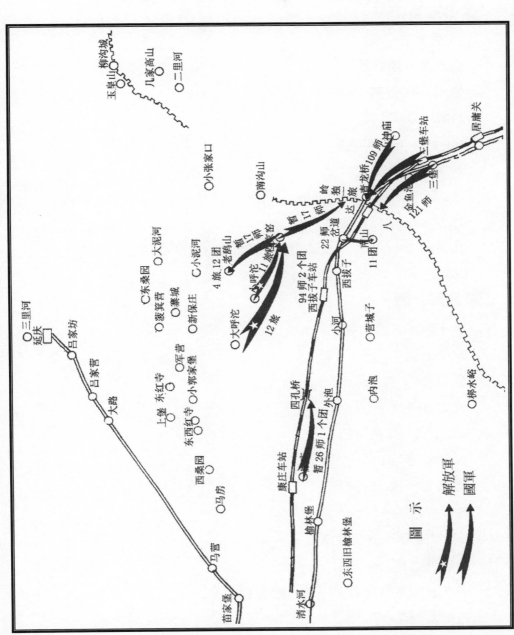

圖　示

解放軍

國軍

雙方參戰部隊序列

國軍方面

16 軍，軍長袁朴

副軍長，劉裕經

94 師，師長周士瀛

22 師，師長馮龍

109 師，師長嚴映皋

94 軍，軍長鄭挺鋒

121 師，師長韓迪

35 軍，軍長郭景雲

267 師（暫26師），師長溫漢民（副師長行使師長職權）

262 師（暫 17 師），師長朱大純

解放軍方面

第 4 縱隊，司令員曾思玉

政委王昭

第 10 旅，旅長邱蔚

政委傅崇碧

第 11 旅，旅長李湘

政委張明河

第 12 旅，旅長曾保堂

政委李志明

2 縱第 4 旅，旅長肖應棠

政委龍道權

華北野戰軍二兵團獨一旅，旅長趙文進

政委袁耐冬

主要參考資料

1. 《曾思玉回憶錄》曾思玉著 海潮出版社 1994 年版

2. 《羅瑞卿軍事文選》當代中國出版社 2006 年版

3. 《光輝的歷程》陸軍 193 師師史 陸軍 193 師《《光輝的歷程》編寫組 1983 年版

4. 《中國人民解放軍步兵 194 師師史》第 194 師師史編寫組 1989 年版

5. 《中國人民解放軍陸軍第 194 師師史（初稿一）》陸軍第 194 師師史編寫組 1985 年版

6. 《中國人民解放軍陸軍第 65 軍軍史》陸軍第 65 集團軍軍史編寫組 1989 年版

7. 《第 64 集團軍軍史》1990 年 10 月版，第 64 集團軍黨史辦公室。

8. 《中國人民解放軍陸軍第 64 集團軍軍史》1997 年 7 月版

9. 《陸軍第 64 軍軍史》1983 年 5 月版。

10. 《中國人民解放軍第 64 軍第三次國內革命戰爭戰史（初稿）》中國人民解放軍第 64 軍司令部編印 1956 年 3 月版

11. 《64 軍戰鬥史紀》

12. 《陸軍第 191 師軍史資料（第三次國內革命戰爭時期）》陸軍 191 師軍史編寫組

13. 《中國人民解放軍陸軍 191 師戰例選編》中國人民解放軍陸軍 191 師司令部編印 1975 年版

14. 《中華民國史》第三編第六卷 中華書局 2000 年版

15. 《中國人民解放軍步兵 577 團團史》步兵 577 團團史編委會 2003 年版

16.《中國人民解放軍步兵 578 團團史》步兵 578 團團史編委會 1995
　　年版

17.《中國人民解放軍步兵 579 團團史》步兵 579 團（團史）編寫委員
　　會 2002 年版

18.《中國人民解放軍陸軍 192 師戰例選編》

19.《華北野戰軍第二兵團司令部平張段戰役檢討報告》

20.臺灣・國史館檔案

21.《郭汝瑰日記》

22.《國軍對匪作戰成敗史例》

23.華北軍區司令部：《1948 年全年作戰概述》節選

24.華北軍區司令部：《情況週報》（節選）第 00020 期

25.武宏回憶錄《軍旅生涯》

26.《中國人民解放軍華北野戰部隊戰史文獻選編》解放軍出版社 2010
　　年版

其 他 戰 役

二戰運城

　　二打運城是內戰中的一個重要戰役，以往很少提及，就是提及也是語焉不詳，是內戰戰史上的一個空白，本文專門介紹這個精彩紛呈、變化多端的戰役。

　　運城扼據晉陝豫三省咽喉，是晉南三角地帶重鎮，由於形勢的險要，從古到今都是兵家必爭之地。運城有個美麗的名字，叫鳳凰城，但它名字雖美麗，卻又頻頻爆發十分激烈殘酷戰事，也許是武聖關雲長的故鄉，冥冥之中註定了不會平靜，不會像鳳凰般祥和美麗，而屢屢會有驚心動魄的戰事發生。

　　果不其然，1947 年的一年裏就發生了該地從古以來最為激烈的三次攻防大戰，一戰猛于一戰，高潮迭起，精彩紛呈。

　　1947 年 5 月，中原野戰軍的主力，陳賡的第 4 縱隊，第一次攻打運城，進攻週邊和四關時傷亡過大，如 5 月 10 日一天就陣亡 169 人；5 月 11 日那天就陣亡 70 團團長兼政委譚雲保以下數百人，負傷人數更多。雖然傷亡很大，卻進展很小，如此再進攻下去則傷亡會更大。

　　主官陳賡是個十分精明的指揮官，被譽為解放軍兩個新興將才之一，他從不願意打傷亡過大，損傷部隊元氣的仗。按陳賡的話說：「打仗就像做生意，劃得來就幹，划不來就不幹。」（4 縱 10 旅《王民信回憶錄》載）。因此對於這種後果難測，強攻堅城蝕本的買賣，他是不做的，所以找了個藉口撤退了，一打運城結束。

但是解放軍一定要打運城，因為運城地理位置實在太重要，它南扼隴海鐵路、潼關要衝及黃河渡口的戰略要點。城內囤積著國軍策應西北和中原戰場的大量軍用物資，還有潞村鹽池資源。佔領運城，可以封住晉南門戶，解除陳謝集團從豫西出擊陝東的後顧之憂，又能切斷山西境內敵南逃去路，策應西北戰場戰事，牽扯胡宗南兵力，意義十分重大。

國軍也知道對方勢在必得。一打運城結束後，由於覺得守城兵力薄弱，擔心解放軍再次來攻，國軍於 7 月 20 日把鐘松所部整 36 師 123 旅 369 團空運運城，增強防務。所謂攻和防要看雙方兵力和實力對比而轉換，由於援軍到來，守軍兵力增加，解放軍並沒有來攻。而不久守軍主力，西北戰場國軍機動部隊，整 83 旅，和 250 團一個營於 9 月 14 日空運西安增援。城裏只剩下整 36 師 123 旅 369 團，團長覃春芳，整 17 師 84 旅 250 團 2 個營，團長安致中，和兩個山西保安團共 5 千多人負責防守，另外還有非戰鬥單位炮十一團二連（榴彈炮 4 門）、國防部汽車六連等在城內。力量一下變得單薄起來，消息靈通的解放軍馬上偵知這一消息。

突然間守城兵力變得如此薄弱，對解放軍說來自然是個千載難逢的好機會，當然不會錯過。晉冀魯豫軍區集中了 8 月 1 日剛組建的晉冀魯豫軍區第八縱隊兩個旅、晉綏獨三旅、太嶽軍區第三軍分區（即 20 軍分區）幾個基幹團近 3 萬人，由晉冀魯豫軍區第八縱隊司令員王新亭指揮，于 10 月二打運城。主力 71 團由團長北沙率領，10 月 2 日拂曉佔領運城東北部的原王莊，打響二打運城第一炮。隨後 71 團就以炮火轟擊運城飛機場，迫使正在機場待命的飛機升空逃跑。10 月 8 日，8 縱主力兩個旅、晉綏獨三旅和太嶽軍區部隊的大軍全部到達，從東西北三面包圍進攻運城。

運城戰役是一個比較特殊的情況，說它比較特殊，是因為胡宗南和閻錫山兩家在聯合防守，軍事上由 369 團團長覃春芳為總指揮，任城防司令，250 團團長安致中為副手，與閻錫山方面的第 14 專署專員、保安司令謝克儉指揮的保安團共同防守，謝同時負責行政、後勤和其他事務。

（晉冀魯豫軍區第八縱隊司令員王新亭）

守軍實力實在薄弱，正規軍人數 3000 人左右，還有閻錫山第 5、11 兩個保安團一起協防。閻錫山的晉軍戰鬥力本身就很弱，更不用說這些保安團了，這兩個保安團1600多人作用很有限，主要靠胡軍3000多正規軍，面對3萬解放軍，運城十分危險。

運城兵力薄弱，但是唯一可以依靠的只有城牆這個天然屏障，運城城牆高15公尺、寬10公尺、磚石結構，極其堅固。經過一戰運城後，工事更加加強，城牆上築有多處明碉暗堡，城牆四周護城壕深、寬各為八公尺，壕內積水數公尺，壕外築有護牆堡壘，城內築有街壘。

一戰運城後，守軍又加修了工事，城週邊以高碉、低碉、野戰工事組成交叉火力網，構成三道防禦陣地。從城外二華裏外的村莊開始構築工事，作為警戒陣地。城內主要街道還築有巷戰工事，城內東花園、鐘樓和鐵工廠等地構成支撐點，並有4個炮兵陣地做火力支援，炮兵觀測所設在城內水塔。

運城能守那麼久，人民群眾的支持起了重要的作用。運城內部軍民關係特別的好，城內百姓狂熱地支持守軍。一戰運城後，曾經有過守軍要調離，全城百姓晝夜跪地睡街阻擋不讓守軍撤離，最後發生踩踏傷亡的著名事件。

在這次大戰中，軍民合作的情形非常好，老百姓在政府官員的指導下，自動地組成五種助戰隊，如擔架隊，慰勞隊，運輸隊，消防隊，工作隊等，在這些組織中，不分男女老幼，只講分工合作。

369團團長覃春芳是個很有才能的的軍事主官，他守運城並不因為兵力薄弱而消極防守，而是以攻為守，不斷出擊，在國軍將領中可算另類。

10月3日，250團長安致中親率250團2個營和保安團一個營，趁24旅71團新到，立足未穩，大舉出城，突然襲擊運城東北原王莊的71團，一度攻進村內，給守軍造成不小損失和混亂。

（運城副總指揮，250團團長安致中）

　　10月13日，城防司令覃春芳在城牆上反復觀察，發現解放軍東北方向圍城部隊力量比較薄弱，佈置較亂，而且靠近運城，離城牆300多米，是一個機會。立刻指揮守軍集中炮火突然猛轟，隨後派出有力部隊于13日凌晨發動猛攻，突襲攻城部隊。攻城部隊根本沒有想到守軍會主動開城出擊，措手不及，猝不及防，亂成一團，被出擊部隊包圍猛擊，戰鬥在城東北公路兩側之南北高架園附近一帶持續進行了兩個多小時，攻城部隊損失很大，傷亡數百人。受到守軍突然襲擊時，20軍分區（即第三軍分區）47團5連政治指導員彭汗明驚慌失措，當戰鬥緊急時放棄隊伍跑回後面，使部隊受到很大損失。解放軍高層對此極為惱火，戰後即將彭公審槍斃。

　　城內出擊部隊大獲全勝，除打死打傷對方幾百人外，還俘虜17人，繳獲步槍7支，手榴彈60餘箱，將這一帶坑道工事全部破壞，於早上 7 點多撤回城內。出擊部隊僅陣亡士兵 7 名，傷 47 名，損壞輕機槍 3 挺。

守軍不斷出城襲擊，前線部隊甚感困擾，尤其是 10 月 13 日被突然襲擊，吃虧不小。針對這種情況，徐向前馬上在 10 月 14 日發電報給 8 縱司令員王新亭、參謀長張祖諒，告訴他們：

"三，估計敵仍將繼續反撲，建議你們在敵可能反撲地區，預先佈置秘密的短促火力，誘敵出擊，待敵接近至數十公尺，突然給以殺傷，結合步兵小部隊的反突擊，予以殲滅打擊。"

守軍為了遲滯 8 縱等進攻，採用的就是不斷出城反擊戰術，用以攻代守的戰術使得攻城部隊無法順利進攻。除了晝夜的班、排、連規模的反擊外，守軍還組織小部隊每天晚上出城騷擾，進行遊擊戰，伏擊對方零散人員，襲擊後方運輸線，打冷槍，甩手榴彈，不讓對方休息，讓攻方傷透腦筋。

受到一系列突然襲擊和騷擾戰後，攻方進攻部署被打亂，進展緩慢。雖然各部猛烈進攻，在炮火掩護下，發起一波又一波猛攻，雙方一個一個碉堡，一個一個陣地地爭奪，但除了獨三旅在西北攻克一座碉堡外，其他部隊基本沒有任何進展。王新亭及時組織各部派代表到獨三旅聽取經驗介紹，迅速展開戰場練兵。

孤軍死守，從來就是早晚被攻破的結局，當然解放軍久攻不下，圍繞城外據點長期纏鬥，傷亡也很大。由於傷亡太大，進攻能力大大減弱，運城前指（運城前線指揮部）經過運籌研究後，決定雙管齊下。

除了命令各部派代表到獨三旅取經學習外，又增派援兵，在 10 月底把太嶽二分區 44 團（這個 44 團，就是北沙原來做過團長的三分區 58 團）調到運城增援，歸傷亡特別大的 8 縱 23 旅指揮，以進一步加強地面進攻。

在加強地面部隊攻勢外，又開始加強地下攻勢，準備挖掘坑道攻城，前指從猗氏調來 300 多名礦工，從河津調來 300 多名礦工，帶有打洞挖掘工具，集中城東北角開挖坑道。向當地百姓徵用騾馬、由北相鎮拖炮 20 門到運城，向當地百姓徵集大量門板、大車、口袋堆積在鹽池附近，高的像一座座小山，準備填充城外護城河和外壕。

此情此景，城內守軍看得清清楚楚，覃春芳是憂心如焚，這樣下去束手待斃，任由攻方擺弄，運城早晚會被攻破。

10 月底和 11 月上旬，攻城部隊經過經過 10 多天激戰，將城週邊二道防禦陣地逐個攻克，週邊陣地主要據點基本被肅清。11 月 8 日，得到加強的 23 旅及友鄰部隊全部拔除了城東、城北兩面護城據點，攻佔了 7 個集團陣地，攻城部隊經過一個多月的猛攻，總算進抵城牆 150-200 米處，可以發起對城垣的進攻了。

運城危急，守軍頻頻向閻錫山告急，請求增援。閻錫山遠在太原，離晉南路途遙遙，鞭長莫及，顯然是不會派兵，也沒有兵可派，就是派兵，閻也知道，結果會像上黨戰役一樣，有去無回。前車之鑒，就在眼前，因此他是堅決不會派兵增援的。

他只是將守城行政專員謝克儉的告急電報，一封封轉給西安綏靖公署胡宗南處，把這皮球推到胡宗南處。運城情況越來越緊急，11 月 9 日這天，專員謝克儉急電說："運城危急，已屢電呈，現匪以輪戰方式，日夜更番猛攻，致我軍民苦守四十余日中，殺不勝殺，精疲力竭，對破壞各處工事，已無暇整修，彈藥缺乏，尤以手擲彈使用殆盡，城防垮盧，我如能以一師兵力北渡增援不晚，運城之危可解，即汾南亦不難協同，一鼓蕩平，萬祈電催增援為禱。"

西北王胡宗南不得不增援了，晉南戰場關係陝北，胡部利害關係也牽扯很多。但胡宗南這時深陷陝北戰場，既沒有多餘的兵力，也沒有合適戰將人選，胡軍中能打野戰的，能和解放軍在野外較量的戰將還真的少之又少，少得可憐。

這可讓胡宗南著急犯難，胡宗南情急之中想到了鐘松。3 年內戰期間，鐘松是胡軍將領中少數優秀將領之一，其勝仗有進攻延安勞山之戰、永平新岔河之役、增援榆林、增援運城、西府隴東戰役等。在陝北與彭德懷頑強纏鬥，行動迅速頑強。在沙家店、黃龍山麓反擊戰兩戰被西北軍擊敗，遭到很大損失，不久就恢復部隊和戰鬥力，被稱為"打不死的鐘松"。

胡宗南再想到西北野戰軍第一次進攻榆林時，鐘松率 1 千多精兵巧妙遠距離大迂迴，成功解圍的驚心動魄的故事，覺得這次增援非鐘松不可了。

就在不久前的 1947 年 8 月 8 日，鐘松正指揮整 36 師兩個旅在正寧以北地區搜索解放軍，收到胡宗南急電，要他緊急增援榆林。彭德懷指揮西北野戰軍圍攻榆林，守軍連日激戰，形勢危急，榆林告急，榆林總指揮鄧寶珊發急電請求增援。

（整編 36 師師長鐘松）

　　圍點打援是解放軍拿手好戲，而胡宗南和西安綏署的命令要求增援部隊沿著長城內側大路，經龍州堡、保寧堡直接馳援，這條線路一路上有好幾處險要地點，解放軍肯定會設置伏兵和阻擊部隊，這正是往解放軍圈套裏鑽。鐘松知道按胡宗南這個命令執行，就是死路一條，不是全軍覆沒，就是遭受重創。但是榆林守軍中有他的主力整36師整28旅在裏面，旅長徐保率部正在鏖戰，他不能不管，看著他們被解放軍消滅，他不能不救。因此他決定冒一次險，出一次奇兵。鐘松決定不按胡宗南的這個計畫執行，而做了大幅度修改，全軍開到龍州堡後，從全師挑選精悍士兵1千人，由鐘松親自帶隊繞開長城內側大路，而秘密轉到長城外側沙漠地帶前進。這在解放軍看來是不可思議的事情，國軍竟然能夠攜帶重裝備進入沙漠死地行軍作戰，這在過去國軍的內戰軍事行動中確實沒有先例過。

　　但是，就是這招起到了奇效。進到沙漠的1千精兵在鐘松指揮下急速前進，師主力部隊則在兩個旅長率領下沿著長城內側大路緩緩向前，迷惑西北野戰軍主力阻擊部隊，為了達到保密效果，防止被間諜洩密，鐘松沒有將改變的計畫告訴西安綏署，反而命令參謀處回復胡宗南說，按照胡的原命令執行。這樣一來，西北野戰軍既得不到安插在西安綏署的間諜的正確消息，又偵知胡軍主力援兵正沿著大路前進。對於這種老套打法，彭德懷根本不放在心上，分兵在龍州堡和保寧堡據險阻擊，等著胡軍前來送死。

　　西北野戰軍萬萬沒想到，墨守成規的國軍正面主力竟然是疑兵，主攻方向竟然是通過沙漠的側翼部隊。從側翼迂回的1千多精兵在鐘松率領下，攜帶足夠乾糧和食用水全速前進，每天只睡5個小時，日夜強行軍，在經過4天4夜艱難行軍後，鐘松帶著這支小部隊歷經千辛萬苦，終於穿越了沙漠，由於饑渴勞累等原因，穿越沙漠時死亡了

200 名左右官兵。終於于 8 月 13 日凌晨越過保甯堡，成功到達榆林西郊，一下如神兵天降般出現在西北野戰軍背後，發起進攻。當時解放軍正在進攻榆林，鐘松一看情況緊急，命令部隊用山炮向攻城部隊射擊，並打出整 36 師師部和兩個旅的旗號，迷惑解放軍。彭德懷誤以為國軍大部隊援軍到達，十分震驚，經過一陣短時間戰鬥後，迅速撤出戰場。

榆林順林解圍，解放軍撤圍而去，而援軍在解圍戰鬥中只傷亡幾十人，損失極其輕微。鐘松由於敢打敢拼，奇兵突出，一舉獲勝，從此揚名，戰後因功獲頒幹城甲種一等獎章。

從增援榆林的結果，再聯想到運城守軍主力有鐘松所部整 36 師的一個主力團，369 團在裏面，胡宗南肯定，鐘松一定會救，一定會全力去營救。好！這個艱巨任務非鐘松莫屬了，胡堅信鐘松這次也能像榆林一樣完成任務，出色地完成任務。胡宗南於是下了命令，命令鐘松為增援運城總指揮，緊急增援運城。

鐘松沒有辜負胡宗南的希望，不但複製了增援榆林的勝利，而且打得比上次更漂亮。

運城情況比榆林嚴重的多，運城孤懸在晉南，離太原距離太遠，離西安也是遙不可及，是孤零零四不靠的一個孤點。相比守軍，解放軍攻城兵力十分雄厚，援兵要是兵力薄弱，等於送死，多派援兵，也不可能，各個戰場都急需援兵，不可能往晉南這麼個孤點投入大量兵力。

接到胡宗南的命令後，鐘松很是犯難，因為胡宗南給他的兵力只有東拼西湊的 1.2 萬人，兩個旅加兩個團，而且全是屬於不同建制，不同單位的部隊。就是把整 30 師 27 旅掩護的兩個團算進去，也不過 1，6 萬人左右。

　　根本不是什麼我軍戰史所說：「鐘松率 4 個旅，2,5 萬人增援運城，」那種說法純屬戰時宣傳。

　　鐘松沒有把整 30 師整 27 旅算進去，有他的道理，他可能認為整 27 旅的任務只是佔領平陸縣城作為側翼掩護，而不負有解圍進攻任務，等解圍部隊突破解放軍大郎廟防線，增援部隊進了運城，它就立刻撤回黃河南岸，自始至終沒參加戰鬥。

　　面對解放軍雄厚的打援兵力，看起來鐘松是走上一條不歸路。

　　實際並非如此，因為對於這增援運城的大雜燴部隊，胡宗南還是動了一番腦筋，做過一些功課的。

　　整個援軍組成為：

　　1. 整 36 師 28 旅，這個旅是 36 師基本旅，曾經過榆林戰役洗禮，戰鬥力很強。如今來增援自己兄弟部隊，積極性非常高。

　　2. 整 83 旅兩個團，整 83 旅是西北戰場機動部隊，戰鬥力很強，並且這兩個團曾經在運城駐防過，非常熟悉當地地形民情，和當地人民感情深厚。9 月從運城撤退前，當地人民為了阻擋他們撤退，還上演一場全城跪地躺地請願的大的運動。所以這支部隊打起仗來一定會全力以赴。

　　3. 整 1 師整 1 旅，這是胡宗南王牌部隊，這個名氣極大的王牌軍，雖然打野戰不怎麼樣，但是武器裝備精良，彈藥充足，執行胡宗南命令堅決。如果佔據有利地形打防守戰，威力還是很大。

　　4. 整 30 師整 27 旅兩個團，這整 30 師可是西北軍老底子，戰鬥力很強，內戰開始後，屢立戰功。

　　但是 27 旅沒有作戰任務，他們的任務是借助夜暗，在炮兵火力掩護下，乘橡皮舟強渡黃河，搶佔平陸縣城及周圍高地，掩護進攻部隊的側翼和後方，讓主力無後顧之憂全力渡過黃河北進攻擊。

5. 整 84 旅 250 團第一營三個連（補充完畢到 700 多人），這個營就是一戰運城後，於 9 月 14 日空運西安的那個營，如今歸建回隊，增援自己本團在城內兩個營，增強城內防守力量，並不擔任進攻任務。

6. 另外還派來整 61 旅雷文清 182 團兩個營，據整 30 師師長魯崇義回憶：這個 182 團只有共 800 多人，實際這個團有 900 多人，準備支援城內，增強運城防守力量，不負責沿途作戰任務。

這雷文清原是土匪，但也抗日，1946 年 5 月份，雷文清在我黨有關人員策動下，在萬泉縣東坡村通電全國，宣佈起義。6 月 30 日成立"汾南人民自救軍"，加入解放軍行列。該部於 1946 年 9 月晉南戰役期間被胡宗南部打垮，雷率殘部倒戈投降國軍董釗部，董釗為了安撫他，給了他一個正規軍番號，整 61 旅 182 團，任命他為團長。

胡宗南派雷文清這個團來增援運城守軍是別具用心的，解放軍對叛變人員怎麼處理，雷文清心裏是清清楚楚的，因此他進了運城死地，四面被圍，沒有退路，一定會拼死防守。這點胡宗南沒估計錯，雷文清率部進了運城後，在三打運城防守過程中，果然率領全體官兵死打死拼，殊死搏鬥，給解放軍攻城部隊造成了極大的殺傷。三戰運城的最緊張的階段，雷文清本人親臨第一線作戰，他脫下衣服，赤著膊一口氣向攻城的部隊擲下一百多枚手榴彈。

眼下增援戰役能不能夠勝利的關鍵還取決於主官鐘松，鐘松是胡軍中少數能打野戰的指揮官，指揮作戰很有心得。

知道胡軍兼程來援，王新亭不願意放棄到手的勝利果實，因為週邊血戰那麼久，這眼看就要攻城破城了，不能功虧一簣。他堅持讓主力繼續攻城，只派了獨三旅一部阻擊援兵。等到 15 日援兵突破獨三旅部隊大郎廟防線，直趨運城，才不得不全面從運城撤圍。

國軍方面的增援部隊進攻速度很快，馳援運城，遠超一般想像。

12 日白天 27 旅集結，當天晚上，整 30 師 27 旅利用夜暗，在炮兵強大火力掩護下，乘橡皮舟強渡黃河，佔領平陸縣城及其周圍高地，打阻擊的平陸獨立營和民兵哪見過這個架勢，根本無法抵擋。這是攻運指揮部在部署上的一個重大漏洞，如此重要的陣地，竟然只擺了一個獨立營和民兵阻擊，當然無法阻擋像整 30 師這樣的強悍的正規軍。看到 27 旅這個架勢，根本不敢阻擋，只能迅速撤退，同時通知圍城部隊增援，趕快前來阻擊援軍。

整 27 旅得手佔領渡口後，13 日白天，鐘松立刻指揮所部，即 28 旅為左翼向前進攻，250 團第一營跟在後面，等到前方 28 旅進攻得手即將增援部隊送進運城；整 83 旅兩個團為右路向前進攻；雷文清 182 團跟在這一路後面，準備進運城增援；整一旅殿后。大軍緊急行動，渡過黃河，到達平陸。他命令整 1 師由平陸經下東街、土地廟之線佔領陣地，掩護整 28 旅和整 83 旅北進向前進攻。

渡過黃河後，鐘松首先揮師向大郎廟進攻，考慮到整 83 旅戰鬥力強，又曾在運城駐防過，人地兩熟，感情深厚，他派 83 旅 247 團擔當這個任務。大郎廟位置十分重要，位於賢良西北一個高地，地勢險要。只要一攻佔大郎廟，守方即無險可守，攻方即可順山的東側的一條大道，經過中條山山頂北部直達運城，解運城之圍。

解放軍也知道大郎廟陣地十分重要，是防守關鍵，只能守住，不能丟掉。前線指揮部專門安排獨三旅 9 團佔領大郎廟負責阻擊，9 團團首長決定由二營執行大郎廟阻擊任務。這是一個不可思議的很輕率的錯誤決定。

不瞭解這段歷史的，可能不瞭解為什麼這是一個很輕率的錯誤決定，因為這個 9 團，就是原綏蒙軍區 9 團，集寧戰役結束後，轉歸晉綏獨三旅建制。

而這個 9 團 2 營，就是 1947 年 4 月右玉戰鬥中，在右玉城內被傅軍消滅的那個 2 營，2 營營長黃光福於戰鬥中自殺，部隊被消滅。我在《傅作義部經典戰役-右玉戰鬥》一文中有過詳細描寫。

現在擔任阻擊的 2 營是後來新成立的，組建只有幾個月，元氣尚未恢復，戰鬥力很弱，把這樣關鍵性的戰鬥任務交給這麼一支部隊，顯然決策是非常錯誤的。

鐘松援軍過河後當天下午，即 13 日下午 1 點，整 83 旅 247 團在強大炮火掩護下，發起對大郎廟的進攻。2 營一線阻擊部隊雖然連續擊退對方好多次進攻，100 多人的 7 連也傷亡慘重被消滅，殘部連傷患在內只剩 10 多人，完全失去戰鬥力，只能撤到山后，由 5 連上陣地接替防守。

第二天，也就是 14 日早上八點，鐘松組織更強大的炮火猛轟大郎廟，大郎廟宇被炸塌，重修後的野戰工事、交通壕也被摧毀，部隊無工事可隱蔽，遭到重大損失。炮火轟擊完成後，國軍 247 團步兵衝鋒，被 2 營 5、6 連擊退。

下午 1 點，247 團在炮火掩護下，再次發起猛烈進攻，這時 5、6 兩個連傷亡慘重，人員也被打得差不多了，情況很危險。2 營教導員解雲駱為了鼓舞士氣，親自趕到一線戰壕和戰士們共同戰鬥，做戰場動員，不幸也中彈犧牲。5 連陣地隨後即被攻方突破，2 營營長張雲鵬指揮左翼 6 連向突入本方陣地的 247 團部隊的右側翼進行反突擊，雙方展開白刃戰。但是經過一天激戰，2 營三個連都基本被打光，彈藥又打完，殘餘人員不得不于 14 日傍晚撤出陣地。2 營繼右玉戰鬥被打光後，再一次被消滅。

佔領大郎廟陣地後，247 團派出一個營，護送增援部隊雷文清 182 團 2 個營和整 84 旅 250 團一個營馬不停蹄順著中條山的山頂北部直達運城城內，把 1600 多人的援兵送進城內。

　　整 30 師 27 旅看到增援成功，渡過黃河向南返回，執行其他任務去了。

　　接到大郎廟失守的消息，圍城部隊非撤兵不可了，眼看煮熟的鴨子飛了，王新亭很為不爽。

　　鐘松的增援非常及時，圍城部隊經過近 40 天的辛勤努力，付出了重大的犧牲，人員傷亡慘重，物資和武器彈藥損失很大。坑道挖到離城只有 10 來米遠處，快要完成了，援兵卻到了；地面部隊用屍體一路堆起來奮勇廝殺向前，總算把週邊所有據點都佔領了，推進到離城壕百多米，步兵隨時可以從坑道突破口進城，結果大郎廟丟了，運城是沒法再打了。

　　王新亭這個懊惱啊，就不用提了，當初如果派一支強有力的部隊守在黃河渡口，只要再多守個兩三天，拿下運城也就有希望了。不管怎麼樣，王新亭想，只要集中絕對優勢兵力，一口吃掉這股援軍，回頭還能再打運城。

　　11 月 15 日，解放軍除留少數地方部隊監視運城守軍，王新亭率晉冀魯豫軍區 8 縱、獨三旅、所有軍分區部隊全部從運城外撤了下來，趕往平陸縣，迎擊鐘松的援軍。

　　當時很巧，西北野戰軍的主力第二縱隊剛結束宜川戰役，由於前階段戰鬥傷亡過大，正在晉南運城地區河津、稷山縣整理補充，並補充了陝北派來的的一個新兵旅。

　　為了集中優勢兵力，王新亭要求西北二縱一起參戰，經中央軍委同意後，由西北野戰軍二縱司令員王震帶著部隊從河津趕往平陸，圍殲鐘松。這時解放軍的打援已經集中絕對優勢兵力，王新亭的心中有了相當的把握。

王新亭原擬消滅駐平陸城 27 旅，結果發現 27 旅已經撤退。

王新亭估計大郎廟地區國軍不可能在那裏久留，一定會南撤，將兩個縱隊主力埋伏在道路兩側，等大郎廟國軍主力回師進行伏擊。

（西北野戰軍二縱司令員王震）

14 日晚國軍攻下大郎廟，增援的部隊進了運城，大功告成。整 1 師整 1 旅和整編 28 旅主力集結于大郎廟地區觀察，準備進攻圍城部隊，但是第二天圍城部隊撤圍打援來了，鐘松於是呆在原地準備迎戰。

大郎廟不便於後勤補給，援軍增援任務已經完成，沒有必要久呆。18 日下午，鐘松命令大部隊回師平陸，而這時解放軍正預伏在對方通過道路東西兩側十五裏左右的地方，準備夾擊敵二十裏行軍縱隊打伏擊戰。

18 日下午 1 點，整 1 旅和 28 旅順著大郎廟經辛莊、杜村、馬村向南緩緩退往平陸，派出搜索隊在前方搜索探路。撤退的道路是在原上，地勢比兩側高，國軍在行進中突然發現埋伏在兩側的解放軍。鐘松一看大事不妙，解放軍預先埋伏在這裏，於是緊急命令大部隊跑步進前方村莊進行防守，搶佔杜村、馬村、七裏坡一帶，準備打村落守衛戰，化不利為有利，做主力決戰。

鐘松率部來時，曾在杜村、馬村構築過簡單工事，他知道現在他的部隊完全能夠利用得上這些工事。他命令整 1 旅兩個團進佔杜村，整 28 旅兩個團進駐馬村，準備迎戰。

發現國軍跑步進了村，伏擊計畫泡湯，解放軍只得將戰鬥形式從伏擊戰改為村落進攻戰。命令部隊緊急追趕，務必抓住戰機，消滅敵人，結果沒想到根本追不上，也沒法追。

因為平陸這地形實在很特別，不利於伏擊，不利於進攻，總之不利於大兵團橫行運動作戰，而只有利於防守。俗話說，"平陸不平溝三千"，平陸縣地形基本以原、絕壁深溝、南北橫斷土溝為主，原這種地形，就是直上直下的深溝，深達幾十米，寬從幾十米到數百米，隔溝相望，對面對聽得見對方講話，可要想見面要繞半天道。如果強行下溝想要爬過溝去，路程有幾裏到十裏，一個多鐘頭才能翻過溝，而且冒險下溝的話，會成為對面敵人的活靶子。

平陸村莊依天然地形而建築，通往村莊的路只有一條或者兩條，很多村莊三面都是原和深溝，有些二面是原和深溝。

埋伏部隊前面有好幾條不好超越的溝，只能繞大圈子，等部隊繞了大圈子追過去，已經筋疲力盡。

而國軍早就進了村，人員全部進了現成的工事，進入防禦陣地，輕重武器全部到位，正虎視眈眈等著呢。

這時想用戰術進攻也沒轍，你想迂回沒法迂回，想包圍沒法包圍，想進攻只有一、二條路，只能順著這條路進攻。守軍不用動腦子，把所有兵力火器都集中在這條路上等著進攻部隊前來就是了，連射擊諸元都標定好了，所有輕、重機槍、大炮、小炮、步槍、手榴彈順著一個方向擺開，等著你進攻部隊前來。更何況整 36 師等部隊，武器裝備非常好，戰鬥經驗豐富，打防守戰是應付裕如，整 1 師雖然野戰不怎麼行，打單面防守也是綽綽有餘。

事已至此，沒辦法，不攻也得攻。在 18 日那天，解放軍集中絕對優勢兵力，8 縱全部進攻杜村，2 縱全部攻擊馬村，本來以為一個縱隊打一個村子是手到擒來，易如反掌，沒想到從 18 日下午四點二十分開始打起，一直打到第二天天快亮時，幾地進攻全部失敗，傷亡卻十分重大。守軍集中火力守一到兩個方向，早就做好充分準備，展開了熾盛的火力。

西野 2 縱在馬村戰鬥特別激烈，2 縱在王震的鐵腕指揮下進行猛攻，英勇戰鬥，前赴後繼，兩個旅一個晚上發動了三次大規模進攻，做出了很大犧牲，但是天時、地利不利，人的努力往往是徒勞的。

戰鬥進行得非常慘烈，守馬村的整 28 旅，看到西野 2 縱攻得那麼猛，情況緊急，陣地屢被突破，連旅長李生潤也親自上陣督戰，反復地進行反擊，和 2 縱搏殺，總算穩住陣腳，守住了陣地，成功地擊敗了 2 縱的數次猛攻。

黃河南岸的國軍火炮對進攻部隊接連射擊三個多小時，以掩護其部隊防守。

2 縱認為，伏擊戰變成村落攻堅戰，敵人兵力強大，自己部隊新兵多都是失敗的主要原因。

8 縱在杜村的進攻也反復遭到失敗，進攻部隊在一個狹小空間一面平推，兵力無法展開，傷亡十分重大。屢攻不下，急得臨汾旅（當時還沒有臨汾旅稱號）的旅長，即 8 縱 23 旅旅長黃定基親自趕到第一線陣地，下到 68 團 1 營指揮所觀察敵情和指揮。1 營指揮所是一間被打爛的破民房，黃旅長拿著望遠鏡在視窗觀察敵情，望遠鏡反光被守軍發現，守軍的機槍立刻便向這間房間打過來，子彈正打在黃旅長頭上的窗戶木杆，木杆被打斷後，子彈又穿過房間打在後牆上，旅長警衛員聞聲把黃定基拉到安全位置，在場所有人都異口同聲地說："好危險呀，差一點打著旅長！"

（圖左二是 23 旅旅長黃定基指揮戰鬥照片）

為了拿下這個村莊，黃定基是豁出去了。

黃定基親臨第一線督促各部隊猛攻，命令 67 團康烈功團，從 68 團左翼出擊進攻，在黃定基督戰下，3 個團攻得很猛，不顧傷亡，打得英勇頑強，各級幹部都在前沿指揮作戰，69 團政委張向善還在前沿陣地戰鬥中負了傷。但是這種英勇頑強沒法解決戰場絕對不利形勢，8 縱除了犧牲，沒有任何結果。

毫無結果的進攻，無謂的犧牲使得運城前指明白這場仗無法再打下去了，只得於 21 日下令停止進攻，全面結束戰鬥，各部撤出戰場。隨後西野 2 縱和晉冀魯豫 8 縱都撤到夏縣休整去了。

解放軍在平陸兩天的進攻，總傷亡即達到 3234 人，白白地做了無謂的重大犧牲。

再加上進攻運城時已經有數千人的大傷亡，元氣大傷，一時間已經無力再攻運城。

解放軍攻城打援總損失達到 7 千多人，損失可謂很大。

運城守軍經過一個多月的激戰，損失也不小，總損失 2000 多人，占 6000 多守軍三分之一。

加上援軍損失 2000 多，國軍總損失達到 4000 多人，作為守方，這個數字也不小。

成功打敗阻援部隊，清理完戰場後，鐘松率部在運城和平陸一帶休整了 10 多天，並沒有像我軍戰史所說，退回黃河南岸。休整期間，369 團團長覃春芳和專員謝克儉還帶鐘松四處去巡查陣地和安撫百姓，巡查陣地期間還特地談到 17 萬塊門板被毀事情，鐘松認為門板不是他的部隊徵集的，與其完全無關。

戰後運城前指聲稱打援戰鬥消滅敵 3700 餘人，從戰場實際情況來看，基本是不可能的。因為敵在據險利用現成工事守備，我在攻，我進攻時是一面平推，傷亡肯定大於守方。最後我軍主動撤退，對方作為勝利方打掃戰場，我方對於對方傷亡數字更是無法瞭解，所謂消滅敵 3700 人，完全沒有依據，應該就是戰時宣傳，現在寫進戰史，顯然是錯誤的。

　　事實也是如此，鐘松回憶錄記載：援軍只損失 2000 多人。根本不是 3700 多人，否定了我方宣傳的數字。

　　應該看到，解放軍在一個條件完全不利於本方的情況下，面對火力極其強大的敵人，打村落進攻戰，最後結果傷亡比是 1.5：1。

　　自身傷亡只比對方大 50%已經是很不容易了。

　　一般攻方在條件不利，武器不如對方情況下，傷亡要比守方大 2－4 倍。

　　11 月 21 日，王新亭、王震就南下打援嚴重失利，向中央軍委、晉冀魯豫軍區副司令員徐向前、滕代遠作了檢查：「此役教訓，我們在指導上的主觀錯誤，乃對此南北橫斷、東西水阻、絕壁深溝、天井窯（之地形）；對在杜村、馬村、七裏坡有敵來時挖的工事之利害關係認識不足。我預伏在敵通過道路東西兩側十五裏左右，夾擊敵二十裏行軍縱隊，敵發覺我即成密集隊形，跑進村落防禦，我跟著猛撲，不得手，傷亡甚重。」

　　運城守軍看到援軍來到，士氣大漲，抓住機會，打開城門出城出擊，把解放軍從運城附近各地征來的門板 17 萬塊、梁椽 10 多萬根、麻袋 5 萬個、鐵鍬 7000 把、糧站的十多萬斤麵粉和各種各樣大量物資全部繳獲。

　　17 萬塊門板被放火燒掉，物資和糧食被運進城內，把城外解放軍已經做好的工事、碉堡和坑道也全部破壞掉。

　　運城攻堅戰和打援戰全部失利，傷亡重大，部隊士氣低落，產生埋怨情緒，尤其幹部埋怨更嚴重些，認為再打運城是別的部隊的任務，自己部隊不能打了。

　　徐向前回憶說：「部隊士氣頗受影響，」「指戰員們灰溜溜的，覺得臉上無光，抬不起頭來。」

　　無產階級革命家王新亭非常實事求是，胸懷坦白，他不掩飾缺點，不推卸責任，就運城攻城和打援失利，於 1947 年 11 月 21 日向軍委和軍區寫出檢討報告。報告寫道："此次撤圍運城打援敵，打成一個大消耗戰（我軍消耗戰就是敗仗的代名詞）。此役教訓，我們在作戰指導上犯主觀錯誤。"

　　電報發出第二天，即 11 月 22 日，中央軍委就回電鼓勵他們："攻運未克，打援又未全殲，在指戰員中引起一時情緒不好，是很自然的，但我軍精神很好，一、二次仗未打好並不要緊，只要你們虛心研究經驗，許多勝仗就在後頭，望將此意向指戰員解釋。"

　　徐向前副司令員也致電 8 縱隊首長，指出：第二次"攻打運城雖未攻克，但對部隊鍛煉甚大。"

　　鐘松繼增援榆林後，又獲增援運城大勝，榮獲四等寶鼎勳章，他在其回憶錄裏講到："胡先生自年初攻佔延安以來，部隊一直處於四處挨打的境地，此次我率部擊退當面之共軍，並成功解運城之圍，一掃各部隊以往的消沉氣氛。三十七年（一九四八年）元月，我以解運城之圍有功，榮獲四等寶鼎勳章。"

　　二戰運城是一次非常激烈的戰役，分攻城和打援兩個部分。

　　攻城耗時近 40 天，解放軍以絕對優勢兵力地面發動猛攻，期間不斷地增兵，同時進行地下作業，坑道已經挖掘到離城約 10 米處，在這一個多月圍繞週邊據點纏鬥中，攻城部隊傷亡重大，解放軍傷亡之大可以從王新亭回憶中大約看出，王說："（二打運城後）三打運城前部隊補充了 3000 多新戰士。"王又回憶："二打運城中，僅 72 團就提拔了 91 名幹部，使部隊很快恢復了元氣。（也就是說，二打運城，僅一個團就傷亡幹部 91 名）。"

　　8 縱很多 140 多人的連隊戰後只剩 30 多人，班不成班，排不成排，不得不補充大量解放戰士和翻身農民，才準備三戰運城。

守城指揮官謝克儉 11 月 9 日急電中也粗略看出，守城部隊在 11 月 9 日已經用完所有手榴彈庫存，運城是一個重要物資基地，儲存有大量武器彈藥，起碼有數萬枚手榴彈，而手榴彈對於毫無遮掩的進攻隊形來說，命中率是相當高的。

打援時間雖然只有兩天，但是地形不利，完全沒有做各方面準備，結果徹底失敗，造成人員損失和傷亡非常嚴重，幾乎和攻城損失差不多大。

二打運城是在解放區內線作戰，集中了絕對優勢兵力和火力，結果卻是攻城打援全部失敗，是一大戰役失敗。

其戰役指揮錯誤是

1. 攻城時間拖的太長，一個多月都沒能打到城牆邊上，讓對方有從容時間部署增援。

2. 有強大炮火不用，攻城部隊共有榴彈炮三門，9 門野炮，好多門山炮，為什麼不集中起來使用，集中城牆一點轟擊，如果早點使用，早就破城了，戰爭勝負和結果就是誰犯的錯誤多少而決定的。

3. 在援軍主要渡口太陽渡，沒有一個強有力的部隊防守進行阻擊，只派了一個獨立營和一些民兵阻擊，結果讓援兵輕鬆過了河，如果有一支強有力部隊固守河防，援兵不可能過黃河。

其戰術缺點在於，

1. 獨三旅單兵連續爆破搞得好，但土工作業差；

2. 二十四旅土工作業好，但不懂單兵連續爆破，

3. 二十四旅學習了單兵連續爆破後，停止了土工作業，致使半個月挖掘逼近敵陣地的土工作業寸土未進，部隊傷亡加劇。

部隊把工兵當爆破手和敢死隊。在運城前線工兵極缺的情況下，

應讓工兵起到指導步兵進行爆破和土工作業的作用。第二十三旅和二十四旅把工兵分到連隊，工兵戰士攜帶炸藥衝鋒。工兵犧牲後，部隊就沒辦法了。有的連隊沒有工兵就硬打，派步兵往敵碉堡射孔內塞手榴彈，造成極大傷亡，對射孔過高的碉堡沒辦法打。

平陸杜馬打援的問題是：第一次打運城時，胡宗南就集中兵力準備援助運城，因我軍撤圍，胡部不動，結果戰後對打援還是沒有任何準備。二打運城時，竟然只派了獨立營和民兵負責打援，對打援工作極不重視，八縱對打援的戰略偵察、地形勘察等工作都很欠缺，也就是完全沒有打援的思想和物質準備。鐘松的援軍到來，運城前指對戰場戰地不清，敵情不明，又打了一個敗仗，造成很大的損失，對部隊士氣傷害極大。

我軍戰史上，因為這是個嚴重失利戰役，著墨很少。作為戰史的一個重要部分，今人以史為鑒，吸取歷史的經驗教訓，很有必要將其完整地真實地再現于世人。

二戰運城雙方戰鬥序列：

解放軍方面

1.晉冀魯豫野戰軍第八縱隊

司令員兼政治委員　王新亭

參謀長　張祖諒　政治部主任　桂紹彬

二十三旅

旅長　黃定基　政治委員　肖新春　參謀長　吳仕洪

六十七團

團　長　康烈功

六十八團

團　長　尚坦

六十九團

團　長　張國斌　政委　張向善　政治部主任　丁毅民

二十四旅

旅　長　王　墉　　　政治委員　王觀潮　參謀長　余凱

七十團

團　長　段龍章

七十一團

團　長　北　沙

七十二團

團　長　馬　林　　　副團長　甄子文

2. 西北野戰軍第二縱隊

司令員兼政治委員　王震

副政委兼政治部主任　王恩茂

參謀長　張希欽

直屬炮團

團長　張希欽（兼）

三五九旅

旅長　郭　鵬　政治委員　李　銓

七一七團

團長　楊一清

七一八團

團　長　尹保仁

七一九團

團　長　蔣玉和

獨立第四旅

旅　長　頓星雲　　政治委員　楊秀山　　副參謀長　馬森

十二團

團　長　張獻奎

十三團

團　長　蘇宏道

十四團

團　長　吳子傑

3. 晉綏軍區獨立第三旅

旅長　楊嘉瑞　　政治委員　孟昭亮　　參謀長　朱聲達

二十七團

團長　興　中

特務團

團長　劉風鴻

九團

團長　胡定法

4. 太嶽三分區

代司令員　李明如　　政治委員　柴澤民　　參謀長　樊執中

五十五團

團　長　陳捷第

四十九團

團　長　崔曉濤

5. 太嶽二分區

四十四團,

國軍城防部隊

整一二三旅三六九團

團長覃春芳（兼城防司令）

第二五〇團

團長安致中、副團長胡遇隆

山西第十四專署專員、保安司令謝克儉

山西保安第五團、第十一團

國軍增援部隊

整編第三十六師

師長鐘松（兼總指揮）

整編二十八旅，旅長李生潤

整一師整一旅，旅長許良玉

整三十師整二十七旅，旅長許文耀

整八十三旅兩個團，旅長沈向奎

整八十四旅二五〇團第一營

整六十一旅第一八二團，團長雷文清

鍾松增援示意圖

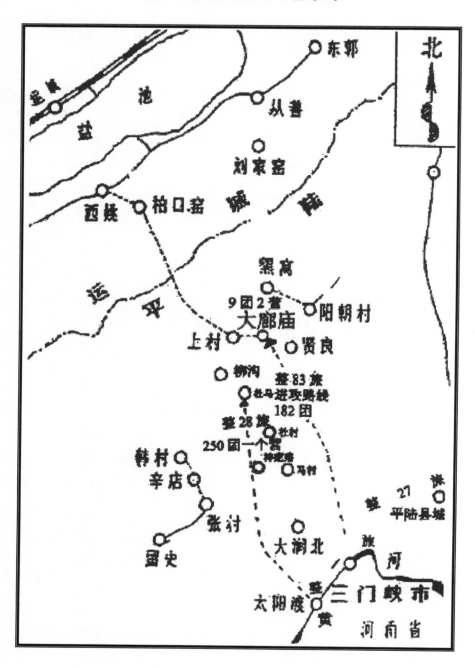

杜馬打援示意圖

主要參考資料

1.《中國人民解放軍第二軍第三次國內革命戰爭戰史》中國人民解放
　　軍新疆軍區編印　1957 年版

2.《中國人民解放軍第二軍戰史》新疆人民出版社　1998 年版

3.《中國人民解放軍第三軍軍戰史》中國人民解放軍陸軍第一集團軍
　　編寫組　1986 年版

4.《王恩茂日記》中央文獻出版社　1995 年版

5.《運城戰役政治工作總結》晉冀魯豫 8 縱隊政治部

6.《神府紅軍團征戰記》解放軍出版社　2005 年版

7.《決戰運城》

8.《運城黨史通訊》中國運城市委黨史研究室

9.《屢創奇跡的 60 軍》中共黨史出版社　2002 年版

10.《王耀南回憶錄》中共黨史出版社　2011 年版

11.《臨汾旅長黃定基》中共黨史出版社　2013 年版

12.《北沙紀念文集》不詳　2014 年版

13.《解放運城》中共黨史出版社　1993 年版

14.《全國解放戰爭史》軍事科學出版社　1997 年版

15.《中國人民解放軍陸軍第六十軍軍史資料彙集》六十軍善後工作辦
　　公室資料彙編組　1985 年版

16.《359 旅光輝戰鬥歷程》新疆人民出版社　1992 年版

17.《解放戰爭與山西》中央文獻出版社　2004 年版

18.《在徐帥指揮下》解放軍出版社　1984 年版

19.《王新亭回憶錄》解放軍出版社　1992 年版

20.《徐向前軍事文選》解放軍出版社 1993 年版

21.徐向前回憶錄《歷史的回顧》解放軍出版社 1988 年版

22.《晉綏革命根據地簡史》中共山西省委黨史研究室 1993 年版

23.《王墉烈士紀念冊》

24.《中國人民解放軍第一野戰軍文獻選編》解放軍出版社 2000 年版

25.《陝西文史資料精編》陝西人民出版社 2010 年版

　　魯崇義《整編第三十師參加晉南臨汾和豫西戰役經過》

26.《陸軍 83 師簡史》

27.臺灣・國史館檔案

28.《鐘松回憶錄》（鐘松家人提供，尚未出版）

29.《事略稿本》臺灣・國史館印 2013 年版

傅作義
麾下名將及著名戰役

後　　記

　　當我最終掩卷放下筆來，頓感一陣輕鬆，二十多年繃緊的弦一下鬆弛開來，酸甜苦辣一齊湧上心頭，這本花了我那麼多年功夫的小書，字字句句浸透了我的心血，走過這個過程的人，才知道什麼叫嘔心瀝血。面對一個在腹中孕育幾十年而終於呱呱落地的嬰兒，喜悅之情、個中艱辛、成就感都無法用語言文字表達。

　　無論過程有多少酸甜苦辣，多年辛苦研究和耕耘的最終的結果讓我十分的欣慰，傅作義部征戰史一部分第一次在我筆下真實地得到反映和記載，而過去那麼多年來傅部征戰史從未有人真實反映過或試圖真實記錄過。

　　從幾十年前我研究民國史的那一天開始，我就被傅作義和該部征戰史迷上了。

　　"傅作義部"或者稱它是"傅家軍"，是一個特殊的部隊，在軍閥混戰、抗戰和內戰中都有極出色的表現，它是民國時代最傑出的隊伍之一。它既不同于國軍，也不同於解放軍，有著自己鮮明特色，這支部隊愛國愛民，紀律嚴明，官兵同心同德，全軍都無條件服從于傅作義個人的權威，該部戰鬥力非常強，戰鬥意志旺盛。它在民國歷史上佔有不可磨滅的重要地位，在近現代史上起過特殊的作用。

傅部崛起于晉軍，自成體系於綏遠，逐步擴張到察哈爾，巔峰時期控制華北五省二市，最後編入解放軍，可謂有著傳奇般經歷。

傅部在戰爭中嶄露頭角於天鎮，聲名鵲起於涿州；傅部是抗日戰場上主力軍之一，百靈廟、忻口、太原、五原、包頭、綏西處處留下英名，灑下熱血；內戰中綏遠戰役、集寧會戰、奇襲張家口、彰武戰役、淶水戰役、香河戰役、冀中穿心戰、康莊戰役等等更是經典不絕。

"傅作義部"幾十年戰爭史上,從戰場上湧現出了無數璀璨將星，如孫蘭峰、董其武、袁慶榮、安春山、郭景雲、韓天春、李銘鼎、孫英年、朱大純、溫漢民、劉春芳、鄂友三、張惠源、劉一平、郭躋堂、段吉祥等人，所有這些人物和戰績浩瀚如滿天群星，不是我這本小書所能涵蓋萬一的。

本書試圖力所能及地去反映傅部真實的征戰歷史，盡可能去如實地不帶任何色彩地記錄傅部更多人物，如果因為種種原因讓傅部歷史成為真空將是一個不可彌補的損失。

傅作義和西北軍從 1926 年天鎮一戰就結下不解之緣。當時國民軍總司令張之江任命宋哲元為西路軍總司令，進攻晉北，除了大同和小小的天鎮久攻不下，其他城市基本全部攻佔。是什麼人讓久經陣戰的西北軍卻步不前於天鎮的？原來這天鎮守將是當時還名不見經傳的山西陸軍第 8 團團長傅作義，率領一個團守城，阻擋住了強大的西北軍前進的步伐，傅作義從那時起走上成名之路。

為了真實地記錄下傅部的歷史，從上世紀 80 年代起，我專門花費了大量時間和精力研究傅作義部人物和征戰史，為了研究這個民國史上最著名人物之一和其歷史，我從 90 年代開始走遍大江南北，採訪了許多傅部健在將軍和老人，以及傅部後裔；走訪了許多和傅部有過接觸、在戰場交戰過的解放軍老人，做了大量採訪記錄和筆記，留下了很多採訪錄音和錄影，掌握了許多第一手資料。

隨著改革開放，筆者借工作之便，多次訪問臺灣，無數次光顧臺灣國史館，查閱檔案資料。而軍戰史之研究，充分而翔實地佔有原始檔案資料和當事人記述的第一手資料則是基礎和根本，才能實事求是反映歷史，還原歷史。

過去幾十年來，"傅作義部"征戰史是敏感區，兩岸都對其不做記錄和宣傳，一方視其為叛軍，一方把它當作階下囚，以致傅軍資料極少。傅部將官大多過世，尚健在人世的由於飽經滄桑，受盡折磨，很多顧慮重重，只有少數暢所欲言。

　　有關傅部的各種出版物本來就很少，已經出版的不是語焉不詳，就是政治掛帥為主，錯誤百出。致使其真相撲朔迷離，如欲實事求是秉筆直書，為千秋萬代作傳，下筆很難，推敲考證極為艱辛。

　　研究傅作義部，要用比研究尋常民國史大幾倍的功夫才能落實某個細節，考證敲定某個內容，真是"可憐書中文，字字皆辛苦"。

　　我十幾年前就開始動手寫作傅部征戰史，當時是一篇一篇寫的，隨後結集成書，成書過程中是幾易其稿，積累了又積累，沉澱了又沉澱，反復修改，反復充實。書也像好酒，越陳越香，越久越濃。

　　歷史寫作是最嚴謹的，本書撰寫原則是"史料說話"，字字句句皆有依據出處，讀者盡可從書中列舉的檔案檔和史料中去做分析判斷，得到結論或輪廓。同時筆者將多年來大量採訪內容，當事人口述或回憶錄的內容融入書中，盡力使這些歷史人物和事件變得鮮活起來，試圖完整、真實、栩栩如生地再現歷史。

　　此時此刻，拙作完成，相信會給中國歷史、民國歷史、傅部歷史填補一段真空，當今和後世歷史學者和愛好者都會從中得到很多有用的資料和啟迪。人生短暫，能為歷史、為國家民族做點事情、做點貢獻，此生足以欣慰。

在本書付梓之際，謹借此機會，衷心感謝歷史學教授、中國歷史地理研究所所長、上海市歷史學會副會長葛劍雄先生為本書題寫書名；感謝臺灣史學教授葉泉宏先生為本書作序和校對，並感謝葉教授十多年來給與的無私的支援，贈與的大量資料；感謝浙江海洋學院唐洪森教授幾十年來給與的大量的真誠的幫助和饋贈，沒有唐教授的幫助，本書是不可能達到這樣的境界的；感謝上海軍史收藏家姜桂鴻先生多年的無私的幫助和支持；感謝上海胡博先生一貫的支持；感謝北京軍戰史收藏家王仕豪先生多年來贈與的資料和幫助；感謝臺灣蔣國棠先生一貫的支持幫助；感謝內人為本書做文字校對花去大量寶貴精力和時間。

特別要感謝傅作義部老人、曾任傅部新 31 師副師長、獨立 311 師師長孫英年將軍大力支持，筆者曾在 2004、2006 年兩次去呼和浩特市採訪看望孫老，並多次通過電話採訪孫老，得到了孫將軍的全力幫助和支持。孫老是一個可愛可敬的老人，敢說敢講，真誠率直，集那個時代的英才一切優點，雖歷經磨難而不改其率真，使我厘清了傅部很多疑問，受益極深。

此書的出版定可告慰孫老在天之靈，謹借此機會獻上我對孫將軍無限思念和感激之情。

　　同時一併感謝曾經採訪過的傅部原將領田綏民、張鴻恩、袁慶和、王越、崔維岳、白震、殷華生、薛必達等人給予的大力支持，感謝安春山公子及傅部後裔贈與的大量資料，感謝他們給與的無私無畏的真誠幫助。歷史是公正不帶任何色彩的，將會永遠銘記傅部所有歷史人物和他們的事蹟的。

萬樂剛　草於 2016 年 3 月 28 日